AI 沟通力：
沟通就是这么简单
（漫画图解版）

峥嵘◎著

人民邮电出版社
北京

图书在版编目（CIP）数据

AI 沟通力：沟通就是这么简单：漫画图解版 / 峥嵘著. -- 北京：人民邮电出版社，2025. -- ISBN 978 -7-115-67397-8

Ⅰ. C912.11-49

中国国家版本馆 CIP 数据核字第 2025Z91X78 号

内 容 提 要

在 AI 时代，轻松化解沟通难题，建立真诚愉悦的社交关系，能高效提升个人竞争力。

本书通过生动有趣的漫画形式，向读者传授接话与回话两大技能。通过讲解如何层层递进对话、高情商应对、化解"刁难"问题、快速"破冰"、幽默表达等沟通技巧，以及职场、社交、家庭等多场景实战，能够教你掌控对话节奏，全面提升反应力与沟通的精准度。

本书适合渴望克服沟通紧张、提升沟通能力、让对话更顺畅有趣的读者阅读。

◆ 著　　　　峥　嵘
　　责任编辑　李士振
　　责任印制　彭志环
◆ 人民邮电出版社出版发行　　北京市丰台区成寿寺路 11 号
　　邮编　100164　　电子邮件　315@ptpress.com.cn
　　网址　https://www.ptpress.com.cn
　　北京市艺辉印刷有限公司印刷
◆ 开本：880×1230　1/32
　　印张：5.25　　　　　　　　2025 年 7 月第 1 版
　　字数：158 千字　　　　　　2025 年 7 月北京第 1 次印刷

定价：49.80 元

读者服务热线：**(010)81055296**　印装质量热线：**(010)81055316**
反盗版热线：**(010)81055315**

在当今社会，沟通是人际交往中不可或缺的一环，无论是职场中同事间协作，还是生活中朋友聚会，都离不开有效的沟通技巧。然而，很多人在沟通中却往往感到力不从心，要么是表达不清，要么是误解连连，甚至导致尴尬的局面。

这本书正是为了帮助读者解决这些沟通难题而诞生的。本书并非枯燥的理论阐述，而是以生动有趣的漫画形式，将接话和回话的技巧娓娓道来，让读者在轻松愉快的氛围中，掌握沟通的艺术。本书还介绍了如何使用 AI 工具，如 DeepSeek，来提升自己接话和回话的能力。

沟通并非简单的信息传递，而是需要倾听、理解、共情和表达。在沟通中，我们要像高手一样，主动参与、积极回应，这样才能推动对话的顺利进行，建立良好的人际关系。

本书从接话和回话两个角度，详细阐述了沟通的技巧和方法。首先，介绍了接话的艺术，包括如何从被动到主动，如何抓住关键词，如何巧妙地接话，以及如何避免接话中的常见的误区。其次，探讨了回话的技巧，包括如何表达与连接，如何用"递进式"回话，如何回答问题有逻辑与层次感，如何幽默回话，以及如何避免"答非所问"的尴尬。最后，分析了不同场景下的沟通技巧，例如职场沟通、朋友聚会、家庭对话、初次见面、网络聊天等，帮助读者根据不同的情境，灵活运用沟通技巧。

除了技巧和方法，本书还强调了高情商在沟通中的重要性。在沟通中，我们要学会情绪管理，保持冷静，并能够理解和回应对方的批评或负面情绪。同时，我们要学会让对方感到被理解，并避免踩雷，例如打断对方、过度解释、使用攻击性语言等。

本书的写作风格简洁明快，语言通俗易懂，漫画生动形象，能够帮助读者轻松理解和掌握沟通技巧。同时，本书还提供了丰富的案例和练习方法，帮助读者将理论知识应用到实践中，提升沟通能力，从而在工作和生活中取得更大的成功。

第一章

001

接话的艺术

第二章

017

回话的技巧

第三章

043

如何让对方愿意继续聊下去

第四章

055

高情商的接话与回话

第五章　071

不同场景下的接话与回话

第六章　087

幽默感的培养与运用

第七章

099

如何应对难接的话题

第八章

113

语言、非语言与潜台词的使用技巧

第九章　**133**

成为对话中的"引导者"

第十章　**151**

持续提升沟通能力

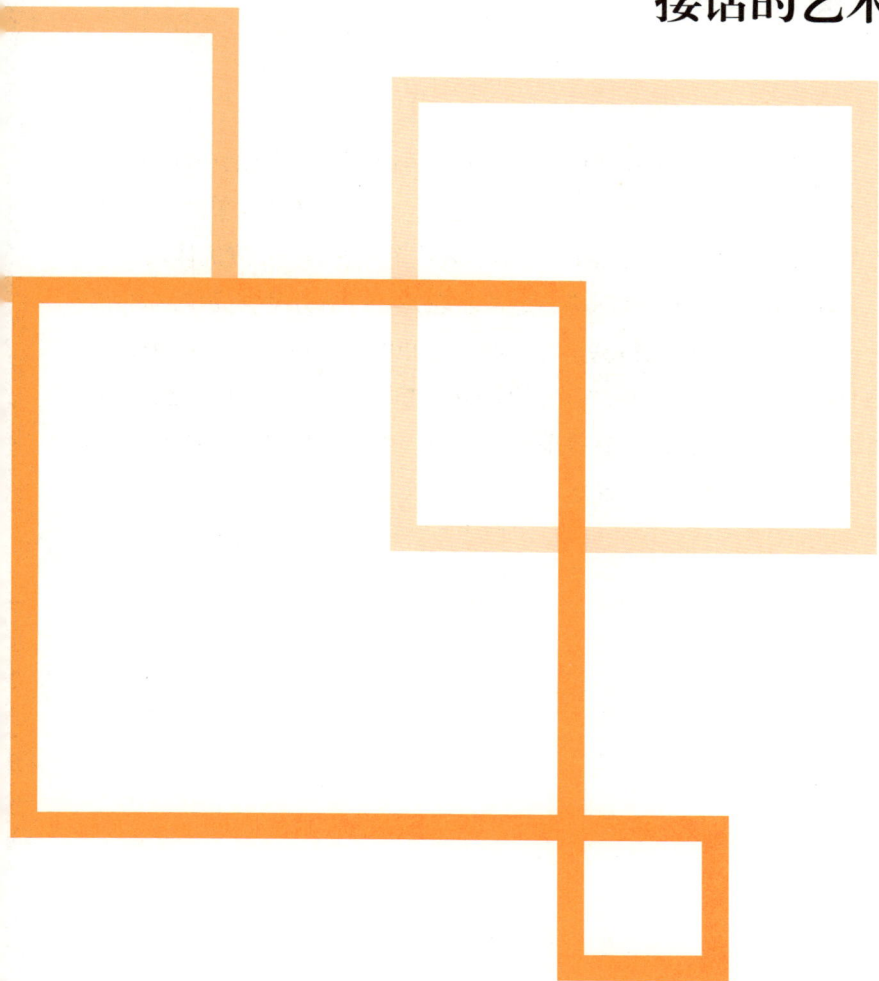

第一章

〉
〉
〉

接话的艺术

01

什么是"接话"——从被动到主动

"接话"指的是在对话中，一方发言时，另一方能够及时且恰当地作出回应，以促进对话的流畅进行。这不仅涉及简单地回应对方的话语，更是一种积极参与对话、表达个人理解与态度的体现。

在对话过程中，被动接话通常表现为等待对方发言完毕后再作出回应，这种回应往往基于对方的话题和内容。相对地，主动接话则是在对方发言的同时，就开始积极思考如何回应，有时甚至会在对方话语尚未结束时，就提前作出反应。主动接话更能体现个人的积极性和对话题的掌控能力。

举个例子，当对方说："我今天去了一家新开的餐厅，那里的菜品很有特色。"被动接话可能是："哦，是吗？那家餐厅叫什么名字？"而主动接话则可能是："哇，新开的餐厅啊！我也听说了，据说他们的招牌菜是……"

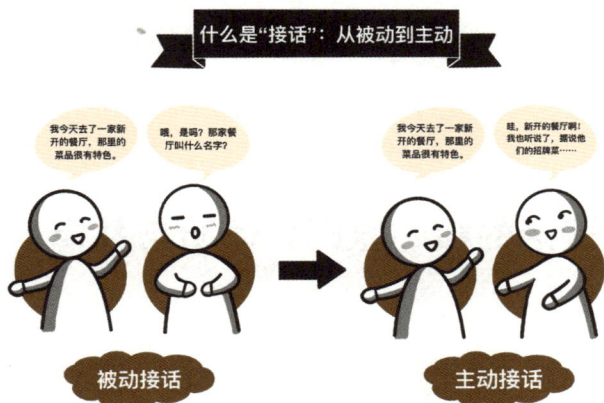

要实现主动接话，对话者需要具备出色的语言表达能力和对话题的敏感度，能够迅速理解对方的意图，并作出恰当的回应。同时，主动接话还要求对话者拥有一定的自信和勇气，勇于在对话中表达自己的观点和态度。

接话是一项关键的对话技巧，它不仅能够推动对话的顺利进行，展示个人的理解和态度，而且是构建良好人际关系的重要方式。

02

接话的核心原则：倾听与共情

倾听与共情，这两个要素是有效沟通和建立良好人际关系的基础。

首先，倾听是接话的前提。倾听不仅仅是用耳朵听，更重要的是用心去理解对方的意思和情感。

比如，在对方说话时，要保持眼神交流，不要分心，不要做其他事情，如看手机、翻阅文件等。

嗯！嗯！

我给你说哦……

倾听是接话的前提

在对方说话时，可以用点头、微笑等表情或肢体语言来表达自己的理解和关注，也可以用简单的词语，如"嗯""对"等来回应，或者也可以用自己的话重述对方的意思，确保理解正确。

在倾听时，要注意对方的情感变化，理解对方的情绪和动机，

从而做出更贴心的回应。

可以做开放式提问，如"你能多说点吗？"鼓励对方展开。

其次，共情是接话的关键。共情是指设身处地地理解对方的感受，站在对方的角度思考问题。会共情的人，都非常有魅力，能很快拉近与别人之间的关系。

比如，说"听起来你很难过"，来确认对方情绪。

比如，说"我能理解你为什么这么想"，表达支持。这一招特别管用，不管你跟谁聊天，在合适的时候说一句"我能理解……"对方都会不自觉信任你。相似的句式有"我能理解你为什么这么想，特别是在经历了……之后""我能理解你为什么这么想，这确实让人感到沮丧""我能理解你为什么这么想，如果你需要帮助，我随时在这里""我能理解你为什么这么想，你能多告诉我一些吗？"

比如，分享类似经历，拉近距离。特别是女性，这一招非常实用。

比如，说"你需要我做些什么？"来让对方感受到关心和帮助。

听起来你很难过
我能理解你为什么这么想

共情是接话的关键

倾听与共情相辅相成，倾听让我们更好地理解对方，而共情则让我们更好地回应对方。通过倾听与共情，我们可以更好地理解对方，做出更恰当的回应，从而推动对话的进行，建立良好的人际关系。

O3

如何抓住对方话语中的关键词

接话时，为什么要抓住对方的关键词？因为对方的关键词，往往与对方的主要观点、需求或情感有关。对方说了一堆话，有可能只是在表达一个核心，抓住这个核心关键词，接话就很轻松。

比如，有人跟你说："最近工作压力特别大，项目多，时间紧，感觉快应付不过来了。"你该如何接话和回应呢？

首先，需要识别说话的情景。对方的语境、背景、话题、情感等，都是判断关键词的依据。

接着，要识别关键词，如对方多次重复出现的词，如情感词汇"压力""开心"等反映对方情绪，如人名、地名、事件等提供具体消息，如"解决""困难"等揭示对方行动或感受。

　　在捕捉到对方的关键词后，应当进行反馈和确认。通过复述关键词来展开对话："你刚才提到了……，能详细说明一下吗？"同时，确认理解是否准确："你是指……对吗？"以此确保理解无误。

　　接着，就可以进行开放式提问，可以对对方的话进行总结、归纳等，接话自然就会很顺畅。

压力　开心　人名
地名
事件　困难
解决

识别重复出现的词

你刚才你提到了……，
能详细说明一下吗？
你是指……对吗？

反馈和确认

04

巧妙接话的三种基本方式

　　无论是在日常的沟通中，还是职场中与领导、同事的对话，懂得巧妙接话，才能把话题继续下去，才能掌握主动权，构建良好的人际关系。

　　去繁就简的原则下，我们在接话时，掌握这三种基本方式，就可以举一反三了。

巧妙接话的三种基本方式

第一种：复述和及时回应。

复述对方的话，这是一种回应，也在表明你在认真听，此外还能避免误解。当对方表达某种情感时，可以通过回应对方的感受来表达理解和关心。例如，如果对方说："我今天真的很累。"你可以回应："听起来你今天过得很辛苦，需要休息一下。"

第二种：倾听、共情与表达支持。

通过表达理解和情感共鸣，让对方感到被支持和关心。

比如，对方说，"我最近和朋友关系不太好，总是因为小事吵架。"

我们可以回应，"我能理解你的感受，和亲近的人发生矛盾确实让人很难受。如果需要聊聊，我随时在这儿。"

表达了理解，让对方感到被接纳，同时提供支持，话题就能持续下去。在任何一场沟通中，这种方式都是推动对话继续的极好方法。

第三种：提问、引导与分享

接话的基本方法中，提问是极为常用的。不管是回应，还是共情，都可以通过提问的方式展现。通过提问，可以引导对方进一步表达，帮助对方梳理思路或深入探讨话题。

朋友说："我最近在考虑换工作，但有点犹豫。"

我们可以说："是什么让你想换工作呢？你对新工作有什么期待吗？"

通过提问的方式，确认对方的意思，引导对方进一步表达想法。还可以通过分享自己的经历，来展示自己的共鸣，与对方建立更深的心理联系。

是什么让你想换工作呢？你对新工作有什么期待吗？

我最近在考虑换工作，但有点犹豫。

提问、引导与分享

05

避免冷场：接话中的常见误区

接话的基本方式非常有用，但也需要注意避开一些接话的误区。有人接话得心应手，有人学了方法之后却成了"话题终结者"，别人心里默念"你可快点闭嘴吧"。

如何避免这种情况？当然是要提前"避坑"。

误区 1：无效回应。

过于简短的回应会让对方感到你缺乏兴趣，导致冷场。很多人聊天，聊着聊着反而生了一肚子气，为什么？因为对方总是回应"是""不是""哦""嗯"等。这种回应给谁谁不生气？

正确的方式是，在简短回答后补充一些信息或反问对方，让对话继续。比如，如果对方说："我今天去了一家新开的餐厅，那里的菜品很有特色。"你可以回应："哦，是吗？那家餐厅叫什么名字？你推荐哪道菜？"

误区1：无效回应

误区 2：使用负面评价或负面词语。

在接话时，尽量使用积极、正面的语言，避免批评或负面评论，以免引起对方的不快。

比如，朋友说："我今天可倒霉了……"你接话说："你看吧，你就是不听我的……"这样的接话，朋友都想立刻揍你，更别说继续聊天了。

比如，领导说："我们这个项目进度有些慢啊"你接话说："是太慢了，慢得感觉项目要黄了……"这样的接话，领导立马不想说话了。

误区2：使用负面评价或负面词语

误区 3：忽略对方的情绪等非语言信息。

如果对方表达了情绪，而你只关注事实，会让对方感到不被理解。

比如，对方说："最近工作压力好大，每天都加班。"你说："谁不加班呀，很正常！"对方的情绪立马受阻，不想再和你说话了。可以说："听起来你最近真的很辛苦，加班确实让人压力很大。有没有什么办法可以缓解一下？"

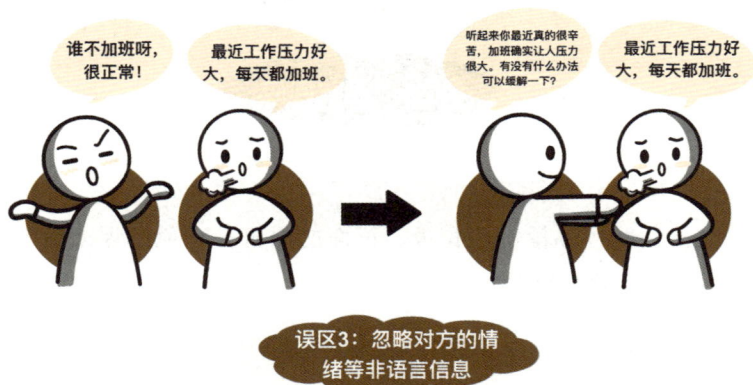

误区3：忽略对方的情绪等非语言信息

误区 4：自我中心，抢话。

有的人在对话中，只谈论自己，过度分享自己，会让对方觉得你不在意他们的感受。

对方说："我最近刚学车，还挺难的。"结果你来一句"我早就学会了，很简单啊。你不知道，我当时学的时候，那个教练……"对方本来想寻求安慰，结果你分享了一堆自己的事情，丝毫不关注对方感受，对话自然没有办法持续。

抢话，会让对方感到不受尊重，对话也无法继续。

误区 5：随意转移话题，牛头不对马嘴。

我们会说有人"听不懂人话"，并不是说对方不懂得我们说的语言，而是指对方听不懂我们话里的意思，并且随意转移话题，对话过程中牛头不对马嘴。

比如，对方说："我最近在学做饭，但总是失败。"我们说："哦，我最近在健身，感觉效果不错。"对方立马一头问号，心里想，你到底有没有在听我说话？合适的接话应该是"学做饭挺有意思的！你最近尝试做了什么菜？或许我有经验。"

误区5：随意转移话题，牛头不对马嘴

误区 6：过度使用幽默或开玩笑。

幽默和适度的玩笑，可以让对话气氛变得轻松，能推动对话。但幽默过度的话，就会破坏对话气氛，甚至让沟通中断。

比如，大家正讨论项目提案呢，领导说："公司对这次项目提案非常重视，我相信我们的方案能够为公司带来极大的效益。"结果你接了一句"我相信方案能够带来大单，就跟刘谦变戏法一样神奇！"

这种接话虽然试图用幽默来回应，但在一个严肃的工作会议上，这样的幽默可能会被视为不专业，甚至可能引起误解。合适的回应应该是"我完全同意，方案确实很有吸引力，我相信我们一定能够成功搞定它。"

06

如何使用 AI 工具提升接话能力

在日常沟通中，巧妙利用 AI 工具可以有效提升接话能力，同时保持自然和真诚。

这里提供一些分场景的实用方法，结合工具操作技巧。

（1）预演场景：降低社交焦虑的 AI 训练法

①适用场景：重要会议 / 社交场合前的准备。

②工具推荐：DeepSeek、豆包、kimi。

③操作步骤：

A. 输入具体场景参数：对方身份 + 沟通目标 + 可能话题。例如，模拟与部门经理的 1 对 1 面谈，目标争取项目资源，可能涉及预算分配、团队协作。

B. 生成 10 组对话分支树，用 Markdown 格式呈现关键转折点。

C. 开启语音输入模式进行沉浸式演练，重点训练"承接 – 转折"话术。例如：您提到的成本问题确实关键……我们技术团队发现……

（2）实时辅助：隐形提词器的进阶用法

在这里，我们的使用场景主要是线上会议、即时通信场景等。

①工具推荐：Otter.ai、有道云笔记、讯飞听见、幕布等。

②技巧要点：

A. 开启实时语音转文字时，添加"行业术语词典"提升识别准确率。

B. 在腾讯会议、钉钉等软件中使用侧边悬浮窗，让 AI 同步分析。可以让 AI 分析对话者的情感倾向、聊的话题热度、未回应问题提示等。

在沟通时，针对沉默间隙，快速输入关键词获取"3 秒应答包"。比如输入"客户质疑交付延迟"，获取三级回应方案。

（3）声调训练：超语言沟通的 AI 优化

①工具推荐：VoiceMod + Praat 语音分析。

②关键训练维度：

A. 停顿节奏：通过波形图分析最佳应答间隔（0.8~1.2 秒）。

B. 语调曲线：匹配不同场景的基频模式，比如汇报用平稳波，头脑风暴用起伏波。

C. 能量密度：控制每句话的响度梯度（重要观点提高 3dB）。

（4）禁忌与边界：保持对话的"人性缓冲区"

①设置 AI 建议延迟 3 秒显示，避免机械式应答。

②在情感密集型对话中（安慰 / 道歉）禁用 AI 提示。

③每周设置"无 AI 对话日"保持自然语感。

可以用 DeepSeek 创建"对话镜像模型"，输入自己历史沟通数据训练个性化应答助手，重点优化特定弱项（如技术型人员的共情表达）。

当然，我们要记住，最好的接话技术是让对方感觉被真正理解，AI 的价值在于帮我们调用认知资源来专注倾听，我们并不能完全依赖于 AI 工具。

第二章

回话的技巧

01

回话的目的：表达与连接

　　回话是沟通双方建立情感联系和理解的关键途径。通过回话，我们能够表达对对方话语的认同、关注或理解，从而加深彼此之间的情感纽带。

　　有效的回话能够促进对话的深入展开。通过提问、评论或分享个人经历，回话可以引导对话向更深层次发展，帮助双方更好地理解对方的观点和感受。

回话，回话！

有效的回话能够促进对话的深入展开

　　在对话中，适时和恰当的回话体现了对对方的尊重和礼貌。这表明我们在认真倾听对方的发言，并重视对方的观点和感受。

　　回话有助于澄清和确认信息的传递。通过重复、解释或总结对方的话语，我们可以确保双方对谈话内容的理解保持一致，避免误解，出现沟通障碍。

　　得体的回话能够展现个人的魅力和风度。通过幽默、智慧或同

理心的回话，我们可以给对方留下深刻的印象，提升个人魅力。

在冲突或问题出现时，有效的回话可以帮助双方找到解决之道。通过倾听、理解和尊重对方的观点，我们可以共同探讨问题的根源，并寻求双方都能接受的解决方案。

良好的回话技巧可以促进人际关系的发展。通过积极的回话，我们可以建立信任、尊重和友谊，从而维护和谐的人际关系。

02

如何用"递进式"回话让对话更深入

回话的技巧很多，"递进式"是一种比较好用的方法。

我们看一个例子。

对话场景：两位同事在休息时间聊天，其中一位同事（A）分享了他最近参加的一个培训课程。

A：我最近参加了一个关于时间管理的培训课程，真的很有帮助。

B：哦，是吗？那太好了！你能分享一下你学到了什么吗？

A：当然可以。我学到了一些关于如何更有效地安排工作和休息时间的方法。比如，课程中提到了"番茄工作法"，你听说过吗？

B：听说过，但不是很了解。你能详细解释一下吗？

A：当然。番茄工作法是一种时间管理技巧，它建议我们将工作时间分成若干个 25 分钟的"番茄时段"，然后在每个"番茄时段"之间休息 5 分钟。每完成四个"番茄时段"后，可以休息更长一些，比如 15 ~ 30 分钟。

B：听起来很有趣。你觉得这种方法对你有帮助吗？

A：是的，我觉得很有帮助。它帮助我更专注于工作，同时也确保我有足够的休息时间。不过，我也发现有时候很难坚持25分钟的工作时段，你有什么建议吗？

B：我也有类似的体验。我通常会设置一个计时器来提醒自己休息，这样可以帮助我更好地坚持。另外，我发现将任务分解成更小的部分，然后分别计时，这样更容易完成。

A：这个方法不错，我下次可以试试。你还有其他的时间管理技巧吗？

B：有的。我还学到了如何设置优先级和制订每日计划。我发现，当我明确知道每天需要完成哪些任务时，我就能更有效地利用时间。

A：这些技巧真的很有用。我觉得我也可以尝试一下。谢谢你分享这么多有用的信息！

从案例中我们能看到，使用"递进式"回话可以让对话更深入。具体方法如下。

（1）倾听并理解。首先，要仔细倾听对方的谈话内容，确保你理解了对方的意思和情感。这是递进式回话的基础。

（2）表达认同。在回话时，首先表达对对方话语的认同或理解。这可以通过简单地附和、点头或使用"我明白""我理解"等词语来实现。

（3）提问。在表达认同之后，提出问题来引导对话更深入。这些问题可以是开放性问题，鼓励对方分享更多信息，也可以是具体问题，针对对方的话语进行深入探讨。

（4）分享个人经历。在适当的时候，分享与对方话题相关的个人经历或观点。这可以增加对话的互动性，让对方感到被理解和尊重。

（5）总结并引导。在对话过程中，适时总结对方的观点，并提出新的观点或问题，引导对话向更深入的方向发展。

（6）保持同理心。在回话时，保持同理心，设身处地地理解对方的感受和立场，这有助于建立信任，促进对话的深入。

（7）避免打断。在对方说话时，避免打断或急于表达自己的观点，给对方足够的时间来表达，这有助于对话的流畅和深入。

（8）使用肢体语言。在面对面沟通时，使用积极的肢体语言，如微笑、眼神接触和点头，以表达你的关注和理解。

（9）保持开放性。在对话中保持开放性，对不同的观点和意见持开放态度。这有助于创造一个包容和尊重的对话环境。

通过以上的步骤和方法，能使回话从简单到复杂、从表面到本质、从事实到感受、从个人到普遍、从具体到抽象，逐步递进，沟通就会更加深入。

03

回答问题时的逻辑与层次感

（1）理解对方。首先，确保你完全理解了对方所说的话。这包括对方的主要观点、情感和可能的意图。

（2）结构化表达。可以使用"总—分—总"结构，先概述，再分点阐述，最后总结。也可以使用"因为……所以……"的结构来展示逻辑关系。例如，"因为我认为这个方案在预算方面存在问题，所以建议我们重新考虑。"

（3）分点阐述。如果需要表达多个观点，可以分点阐述，这样可以使你的回话更有层次感。例如，"我对此有几点看法：首先……其次……最后……"当然也可以分层次展开，如"从技术角度看……从社会角度看……从个人角度看……"

（4）提供证据。为了支持你的观点，提供具体的证据或例子。这可以增强你的回话的说服力。如，有人问"你认为远程办公有效吗？"可以回答"有效。根据调查，远程办公提高了员工满意度，比如我们公司去年满意度提升了20%。"

（5）保持简洁。避免冗长的解释，尽量用简洁的语言表达你的观点。这有助于保持对话的流畅性。

（6）使用过渡词。使用过渡词，如"此外""然而""因此"等，来连接你的观点，使对话更有逻辑性。

（7）总结。在对话结束时，总结你的主要观点，这样可以加深对方对你的理解。如，"你对这次会议有什么总结？"可以回答，"总的来说，会议明确了下一步计划，特别是市场推广和产品优化。最重要的是，我们需要加强团队协作。"

04

幽默回话：让对话更轻松有趣

在沟通时，幽默回话是一种有效的方式，可以缓解紧张气氛，增进彼此之间的亲近感。我们可以使用一些技巧，让自己的回话更加幽默、有趣。

（1）自嘲。通过自嘲展现幽默感。比如：

A：你怎么又迟到了？

B：我是时间管理大师，专门研究如何迟到。

你怎么又迟到了？

我是时间管理大师，专门研究如何迟到。

自嘲。通过自嘲展现幽默感。

（2）夸张。用夸张手法制造幽默。比如：

A: 你吃饭怎么这么快？

B: 我是闪电侠的徒弟，吃饭速度超光速。

你吃饭怎么这么快？

我是闪电侠的徒弟，吃饭速度超光速。

夸张。用夸张手法制造幽默。

（3）反转。通过反转预期制造幽默。比如：

A: 你觉得这个方案怎么样？

B: 完美，除了需要重写。

你觉得这个方案怎么样？

完美，除了需要重写。

反转。通过反转预期制造幽默。

（4）双关。利用双关语制造幽默。比如：

A: 你喜欢喝什么茶？

B: 我喜欢"查"水表。

你喜欢喝什么茶？

我喜欢"查"水表。

双关。利用双关语制造幽默。

（5）引用。引用经典台词或流行语。比如：

A: 你怎么又加班？

B: 生活就像一盒巧克力，你永远不知道下一颗是什么味道。

> 你怎么又加班？
>
> 生活就像一盒巧克力，你永远不知道下一颗是什么味道。
>
> 引用。引用经典台词或流行语。

（6）类比。用类比制造幽默。比如：

A: 你怎么总是忘事？

B: 我的脑子像金鱼，记忆只有7秒。

> 你怎么总是忘事？
>
> 我的脑子像金鱼，记忆只有7秒。
>
> 类比。用类比制造幽默。

（7）反问。用反问制造幽默。比如：

A: 你怎么又买新衣服？

B: 难道我要裸奔吗？

> 你怎么又买新衣服？
>
> 难道我要裸奔吗？
>
> 反问。用反问制造幽默。

（8）模仿。模仿某人或某情境制造幽默。比如：

A：你怎么这么严肃？

B：（模仿老板语气）这是工作，不是儿戏！

你怎么这么严肃？

这是工作，不是儿戏！

模仿。模仿某人或某情境制造幽默。

（9）意外。通过意外回答制造幽默。比如：

A：你觉得我的新发型怎么样？

B：像刚从火星回来。

你觉得我的新发型怎么样？

像刚从火星回来。

意外。通过意外回答制造幽默。

这些方法都可以让我们的回话显得有趣，既回答了问题，又制造了进一步沟通的话题。

不过我们也要注意，确保你的幽默不会冒犯到任何人，特别是避免种族、性别、宗教或政治相关的敏感话题。此外，在幽默回话后，适时收尾，避免过度使用幽默，以免影响对话的严肃性。

05

避免 "答非所问" 的尴尬

　　在进行沟通对话的过程中，为了避免出现 "答非所问" 的尴尬局面，我们可以采取以下一些策略。

　　首先，倾听并理解对方的问题或陈述至关重要。这不仅包括理解对方所表达的主要观点，还要洞察其背后的情感以及可能隐藏的意图。

　　其次，在回答之前，确认你已经准确理解了对方的问题。你可以通过重复对方的问题，或者用自己的话重新表述问题，以此来确保你的理解是正确的。比如，"你对新政策怎么看？" "你是指环保政策吗？"

　　在给出回答时，务必要确保你的答案与对方提出的问题直接相关。避免引入任何不相关的话题或偏离原本讨论的主题，这样可以保持对话的连贯性和有效性。比如，"你喜欢哪种类型的电影？" "我喜欢科幻电影，尤其是《星际穿越》。"

　　为了使对话更加清晰和直接，尽量用简洁明了的语言来回答问题，避免冗长复杂的解释，这有助于双方更好地理解彼此。比如，

"你明天有空吗？""有空，需要我做什么？"

在回答问题时，保持专注是非常重要的。避免分心或同时思考其他事情，这样可以确保你的回答始终与问题保持相关性。

通过不断地练习，我们可以显著提高自己的沟通技巧。这包括更好地理解问题和给出相关回答的能力，从而在实际对话中表现得更加得体。

同时，注意观察对方的非语言信号，如面部表情和肢体语言，这些非语言信息可以帮助你更深入地理解对方的意图和情感。

如果你发现自己在回答时偏离了主题，及时调整并迅速回到相关的话题上，这样可以避免对话的混乱和无效。

对话结束后，进行反思和总结是很有帮助的。回顾自己的回答，思考哪些地方做得好，哪些地方还有改进的空间，这将有助于你在未来的沟通中做得更好。

06

适度表达个人观点

在沟通中适度表达个人观点既能展示自我，又能避免冲突。我们掌握一些技巧就能让我们在回话过程中如鱼得水。

（1）使用"我觉得"或"我认为"等词语，用这些短语表明是个人观点，而非绝对事实。比如：

A: 你觉得这个方案怎么样？

B: 我觉得这个方案在创意上很有亮点，但在执行上可能需要关注更多细节。

你觉得这个方案怎么样？

我觉得这个方案在创意上很有亮点，但在执行上可能需要关注更多细节。

使用"我觉得"或"我认为"等词语

（2）提供理由，并解释观点的依据，这样可以增加说服力。比如：

A：你喜欢这部电影吗？

B：我喜欢，因为它的剧情很紧凑，演员表现也很出色。

你喜欢这部电影吗？

我喜欢，因为它的剧情很紧凑，演员表现也很出色。

提供理由，并解释观点的依据

（3）使用委婉语气，用"可能""或许"等词语软化语气，让对方会更容易接受。比如：

A：你觉得这个决定正确吗？

B：这个决定可能有其合理性，但我觉得还需要更多数据支持。

你觉得这个决定正确吗？

这个决定可能有其合理性，但我觉得还需要更多数据支持。

Yes？No？

使用委婉语气，用"可能""或许"等词语软化语气。

（4）分层次表达，从不同角度表达观点，展现全面思考。比如：

A：你对远程办公怎么看？

B：从效率角度看，远程办公能提高生产力；但从团队协作角度看，可能会影响沟通效果。

你对远程办公怎么看？

从效率角度看，远程办公能提高生产力；但从团队协作角度看，可能会影响沟通效果。

WFH 远程办公

分层次表达，从不同角度表达观点，展现全面思考。

（5）表达观点时，尊重并认可他人意见。比如：

A：我觉得这个设计很一般。

B：我理解你的看法，不过我觉得它在用户体验上做得不错。

> 我觉得这个设计很一般。
> 我理解你的看法，不过我觉得它在用户体验上做得不错。

表达观点时，尊重并认可他人意见。

（6）用具体例子支持观点，避免空泛。比如：

A：你认为这个策略有效吗？

B：我认为有效，比如我们上次使用类似策略后，销售额增长了15%。

> 你认为这个策略有效吗？
> 我认为有效，比如我们上次使用类似策略后，销售额增长了15%。

用具体例子支持观点，避免空泛。

（7）表达观点后，通过提问了解对方看法。比如：

A：你觉得这个计划可行吗？

B：我觉得可行，但需要更多资源支持。你觉得呢？

> 你觉得这个计划可行吗？
> 我觉得可行，但需要更多资源支持。你觉得呢？

表达观点后，通过提问了解对方看法。

（8）避免使用"绝对""永远"等词，保持观点灵活性。比如：

A：你觉得这个产品会成功吗？

B：我觉得它有潜力，但市场反应还需要观察。

你觉得这个产品会成功吗？

我觉得它有潜力，但市场反应还需要观察。

避免使用"绝对""永远"等词，保持观点灵活性。

（9）在结尾总结并强调核心观点。比如：

A：你对这次会议有什么总结？

B：总的来说，会议明确了下一步计划，特别是市场推广和产品优化。最重要的是，我们需要加强团队协作。

你对这次会议有什么总结？

总的来说，会议明确了下一步计划，特别是市场推广和产品优化。最重要的是，我们需要加强团队协作。

在结尾总结并强调核心观点。

（10）适时沉默，在表达观点后，给对方回应空间。比如：

A：你觉得这个方案怎么样？

B：我觉得这个方案在创意上很有亮点，但在执行上可能需要注意更多细节。（停顿，等待回应）

你觉得这个方案怎么样？

我觉得这个方案在创意上很有亮点，但在执行上可能需要注意更多细节。（停顿，等待回应）

适时沉默，在表达观点后，给对方回应空间。

02

拒绝的艺术

沟通过程中，会遇到一些需要拒绝的场景，拒绝对方也是一门艺术，直截了当地拒绝可能会让双方都比较尴尬，那如何才能巧妙拒绝对方呢？

（1）拒绝时提供理由，向对方解释拒绝的原因，增加理解。比如：

A：你能参加明天的会议吗？

B：抱歉，我明天有其他安排，无法参加。

你能参加明天的会议吗？

抱歉，我明天有其他安排，无法参加。

NO!

拒绝时提供理由，向对方解释拒绝的原因，增加理解。

（2）先感谢对方的邀请或请求，再拒绝。比如：

A：你能加入我们的项目吗？

B：谢谢你的邀请，但我目前有其他工作，无法参与。

你能加入我们的项目吗？

谢谢你的邀请，但我目前有其他工作，无法参与。

先感谢对方的邀请或请求，再拒绝。

（3）提供替代方案，拒绝后提供其他帮助或建议。比如：

A：你能帮我完成这个报告吗？

B：抱歉，我无法完成整个报告，但我可以帮你整理数据。

你能帮我完成这个报告吗？

抱歉，我无法完成整个报告，但我可以帮你整理数据。

提供替代方案，拒绝后提供其他帮助或建议。

（4）使用委婉语气，用"可能""或许"等词软化语气。比如：

A：你能加班完成这个任务吗？

B：我可能无法加班，但明天一早我会优先处理。

你能加班完成这个任务吗？

我可能无法加班，但明天一早我会优先处理。

使用委婉语气，用"可能""或许"等词软化语气。

（5）分层次表达。从不同角度解释拒绝原因，展现全面思考。比如：

A: 你能参加这个活动吗？

B: 我很想参加，但时间上冲突，而且我还有其他工作要完成。

（6）尊重对方，表达拒绝时，尊重对方的感受。比如：

A: 你能帮我做这个项目吗？

B: 我理解这个项目对你很重要，但我目前无法参与。

（7）可以简洁明了，避免过多解释。比如：

A: 你能帮我完成这个任务吗？

B: 抱歉，我无法帮忙。

（8）适时沉默，拒绝后，给对方回应空间。比如：

A：你能帮我完成这个任务吗？

B：抱歉，我无法帮忙。（停顿，等待回应）

（9）拒绝时保持积极态度，避免负面情绪。比如：

A：你能帮我完成这个任务吗？

B：抱歉，我无法帮忙，但我很乐意在其他方面支持你。

最后，还要强调一点，那就是一旦你决定了拒绝，就要坚定地坚持你的立场。避免因为对方的坚持或压力而改变你的决定。

08

如何使用 AI 工具提升回话能力

在日常沟通中，通过合理使用 AI 工具，可以有效提升回话的流畅性、逻辑性和情感共鸣能力。我们结合主流 AI 工具特性，分场景提供一些系统性解决方案，并融入具体操作技巧。

（1）核心工具推荐与功能适配

①口语翻译官 App（支持多语言实时互译与陪练）。

通过"场景模拟"功能，输入对话对象身份（如客户、领导）、沟通目标（谈判、汇报）和话题关键词（如预算、项目进度），AI 会生成多分支对话树，并模拟真实语音互动。支持中文语境下的语气调整（如商务正式、同事轻松）。

具体操作为，选择"口语训练"功能，设置场景参数后，通过语音输入进行沉浸式演练，重点训练"承接 - 转折"话术。

②腾讯元宝（多模态 AI 助手）。

通过"写作脑图"生成逻辑框架（如"数据支撑 - 风险预案 - 收益预测"），并转化为口语化表达模板。例如，输入"项目可行性"关键词，自动生成结构化应答内容。

（2）实时应答辅助：动态化建议

①豆包（抖音旗下 AI 助手）。

在微信、钉钉等聊天工具侧边悬浮，实时分析对话内容，提供三类建议。

A. 情感引导型（如对方表达焦虑时，推荐"我理解您的担忧……我们可以分阶段推进"）。

B. 逻辑补全型（针对技术性问题，自动关联知识库生成简明解释）。

C. 幽默化解型（冲突场景下提供"您这角度太犀利了，我得记下来学习"等缓和语句）。

②灵办 AI 助手。

支持"上下文记忆"功能，在长对话中自动标记未回应问题（如"您刚才提到的交付时间问题，是否需要进一步讨论？"），避免遗漏关键点。

（3）对话策略优化：结构化复盘

①百度文心一言。

输入历史聊天记录，使用提示词"分析对话结构：话题迁移策略 | 共情频率 | 说服力缺陷"，生成可视化报告。例如，标注过度使用"但是"引发的对抗性沟通，推荐"先肯定后转折"句式（如"您的建议很有启发性……同时我们是否可以尝试……"）。

②讯飞星火。

通过语音记录分析，识别对话中的沉默间隔、语调波动（如紧张时的语速加快），生成"能量曲线图"并提供针对性训练方案（如每句话末尾降低 2dB 音量以增强可信度）。

（4）分场景应用技巧

①职场沟通：目标导向型对话。

使用腾讯 Effidit 的"写作脑图"功能，输入核心论点（如"项目可行性"），自动生成"数据支撑 – 风险预案 – 收益预测"逻辑框架，并转化为口语化表达模板。

通过 Soul AI 伴侣的高情商应答库，学习"情绪缓冲话术"。例如，当对方质疑进度时，可借鉴"延迟确实影响体验……我们已在三处环节提速，具体是……"的"问题承认 – 方案递进"结构。

②社交破冰：情感联结型对话。

利用 Hello Talk 的"全球匹配"功能，与不同领域用户对话，积累小众话题的接话素材（如露营装备选择、独立电影推荐），增强话题延展性。

通过 AI 创作家的"段子生成器"，输入场景关键词（如"加班""下雨"），获取自然笑点插入方案（如"这雨下得，连外卖小哥都改行开船了"）。

③亲密关系：共情强化型对话。

魔音工坊的语音情感分析模块，可解析对方语调中的焦虑 / 愉悦指数，并通过颜色提示（红色 – 需安抚 / 绿色 – 可深入），推荐对应话术（如"你听起来有些累，要聊聊吗？"）。

使用 WPS AI 的"情感化改写"功能，将生硬语句（如"你怎么又忘了"）转化为"上次那个方法可能不太直观，我们试试新提醒方式？"的协作式表达。

通过以上工具组合，我们可系统化提升话题衔接流畅度、情感响应精准度和逻辑表达清晰度。需注意的是，AI 的核心价值在于扩展认知带宽，而非替代人性化沟通——最终目标是通过工具训练，内化出更敏锐的对话直觉。

第三章

〉〉〉

如何让对方愿意继续聊下去

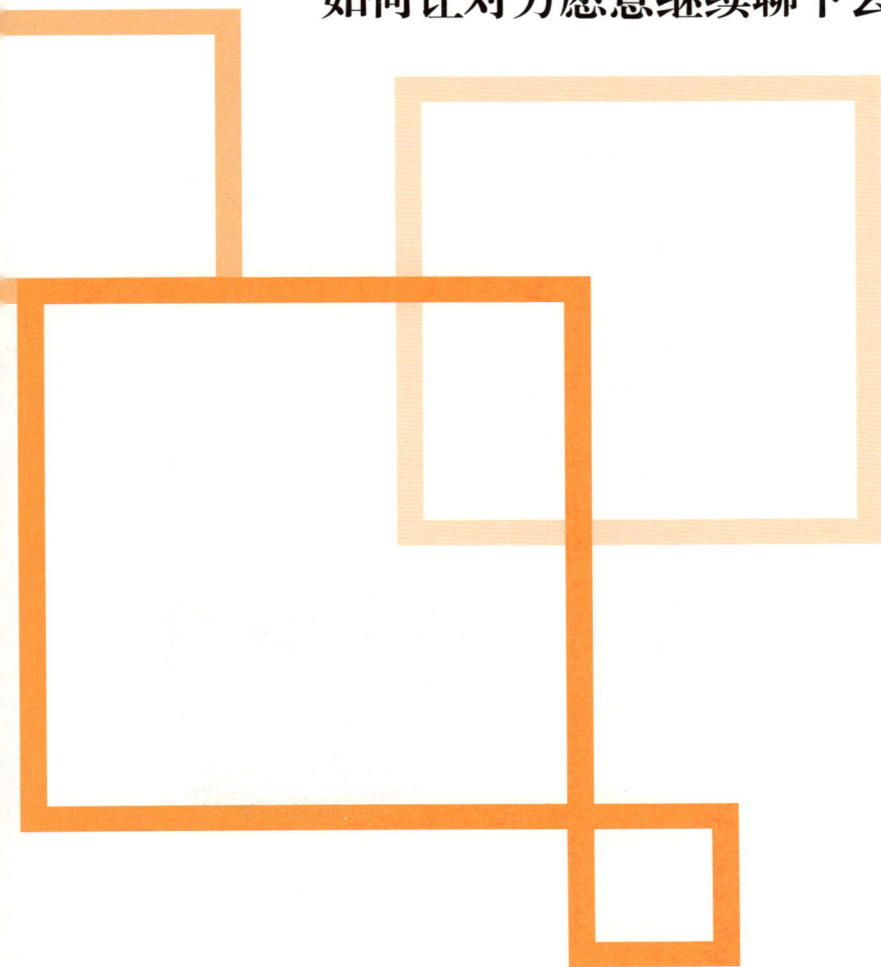

01

提问的艺术：开放式问题与封闭式问题

在沟通时，提问的艺术在于选择合适的提问方式，以引导对话深入并获取有价值的信息。开放式问题和封闭式问题是两种常见的提问方式，各有其特点和应用场景。

在人际交往与日常沟通中，开放式问题以其独有的魅力，引领着对话的深入。这类问题往往以"怎样""为什么""什么""在哪里""何时"等疑问词作为引导，鼓励对方敞开心扉，详尽阐述观点、分享感受与经历。它们没有预设的答案框架，给予回答者充分的自由与空间，从而帮助我们更加全面地了解对方的内心世界。比如，"你对这个项目有什么看法？""你能描述一下当时的情况吗？"都属于开放式提问。

你对这个项目有什么看法？

你能描述一下当时的情况吗？

开放式问题

与开放式问题相对应的是封闭式问题。这类问题简洁明了，通常只需回答"是"或"否"，或是提供简短的答案。它们在确认事实、获取具体信息或引导对话朝特定方向发展时发挥着重要作用。封闭式问题的直接性与针对性，使得对话更加高效、精准。比如，"你完成了任务吗？""你喜欢这个方案吗？"都属于封闭式提问。

两种提问，各有使用场景，开放式提问往往用在如需要深入了解对方想法、希望对方分享更多细节、鼓励创造性思考等场景中。

封闭式提问往往用在如需要快速确认事实、希望对方做出明确选择、在时间有限时获取关键信息等场景中。

当然，两种提问方式可以结合使用，比如：

A: 你喜欢这个方案吗？（封闭式）

B: 喜欢。

A: 能具体说说你喜欢哪些方面吗？（开放式）

在提问时，要注意根据提问的目的，选择合适的提问方式；要把问题设置得简洁一些，不要过于复杂；要在回答后适时追问；要在提问后认真倾听，给予恰当的回应。

03

如何用"共鸣"拉近距离

在沟通时，使用"共鸣"是一种有效的策略，可以帮助拉近与对方的距离。共鸣意味着与对方在情感、观点或经历上产生共鸣，从而建立更深层次的连接。

如何才能在沟通中巧妙使用"共鸣"呢？

（1）表达理解，通过语言表达对对方感受的理解。比如：

A: 我最近工作压力很大。

B: 我理解你的感受，工作压力大确实让人喘不过气。

（2）分享自己的类似经历，建立共同点，引发共鸣。比如：

A: 我最近工作压力很大。

B: 我也有过类似经历，去年项目紧张时我也感到压力巨大。

（3）善于使用"我明白""我能理解"等共情语言。比如：

A: 我最近工作压力很大。

B: 我明白，这种感觉确实不好受。

（4）非语言共鸣，通过点头、眼神接触和肢体语言表达共鸣。

比如：

A: 我最近工作压力很大。

B:（点头）我能理解，这种感觉确实不好受。

（5）认真倾听，适时回应，展示关注。比如：

A: 我最近工作压力很大。

B: 听起来你最近很不容易，能具体说说吗？

（6）提供支持，表达愿意提供帮助或支持。比如：

A: 我最近工作压力很大。

B: 如果你需要帮助，我随时可以支持你。

（7）避免评判对方感受，保持开放态度。比如：

A: 我最近工作压力很大。

B: 每个人都会有压力大的时候，这很正常。

（8）使用幽默，适时使用幽默缓解紧张情绪。比如：

A: 我最近工作压力很大。

B: 压力大的时候，我就想象自己是超人，虽然飞不起来，但感觉会好很多。

（9）总结对方感受并反馈，展示理解。比如：

A: 我最近工作压力很大。

B: 听起来你最近工作压力很大，确实不容易。

（10）在对方表达后，适时沉默，给予空间。比如：

A: 我最近工作压力很大。

B: 我理解，这种感觉确实不好受。（沉默，等待回应）

O3

适时表达赞美与认同

在沟通中适时表达赞美与认同是一种重要的社交技巧，可以帮助我们建立良好的人际关系，增强彼此之间的信任和尊重。

很多比较实用的赞美方法，值得我们在回话和接话过程中使用。

（1）赞美要具体，别泛泛而谈。比如：

A：我刚刚完成了这个项目。

B：你在项目中的时间管理做得特别好，尤其是任务分配非常合理。

而不是说你干得真棒，真厉害，这种空泛的话。

（2）赞美要真诚，避免敷衍。你真不真诚，别人能清晰地感觉到。比如：

A：我刚刚完成了这个项目。

B：我真的很佩服你的专业能力，这个项目完成得非常出色。

（3）使用积极、正面的语言表达赞美。

A: 我刚刚完成了这个项目。

B: 你的表现非常出色，特别是在细节处理上做得非常好。

（4）在对方表达观点时，适时表达认同。比如：

A: 我觉得我们应该加强团队沟通。

B: 我完全同意，团队沟通确实是我们需要改进的地方。

（5）分享对方成就带来的积极感受。比如：

A: 我刚刚完成了这个项目。

B: 看到你完成这个项目，我感到非常高兴和自豪。

（6）通过微笑、点头、鼓掌等非语言方式表达赞美与认同。比如：

A: 我刚刚完成了这个项目。

B: （微笑并点头）你做得非常棒！

（7）赞美要适度，避免过度。过度的话会显得非常假，让人感觉你是虚情假意。比如：

A: 我刚刚完成了这个项目。

B: 你在这个项目中的表现非常出色，特别是在时间管理上做得很好。

（8）在赞美后结合提问，进一步互动。比如：

A: 我刚刚完成了这个项目。

B: 你在这个项目中的表现非常出色，能分享一下你的经验吗？

（9）在赞美后总结并强调核心优点。比如：

A: 我刚刚完成了这个项目。

B: 你在这个项目中的表现非常出色，特别是在时间管理和团队协作上做得非常好。

04

通过"延展话题"让对话更丰富

在沟通中，"延展话题"可以让对话更加丰富和深入。以下是一些延展话题的方法。

（1）提问。通过提问来引导对话深入。提问可以是开放式的，鼓励对方分享更多信息，也可以是封闭式的，确认事实或引导对话朝特定方向发展。比如，对方说"我最近去了一趟新疆。"可以说"真的吗？你最喜欢新疆的哪个方面？"

（2）分享个人经历。在适当的时候，分享与对方话题相关的个人经历或观点。这可以增加对话的互动性，让对方感到被理解和尊重。比如，对方说"我最近去了一趟新疆。"可以说"我也去过新疆，新疆真的是非常美，特别是美食太多了，你说呢？"

使用类比或比喻

（3）使用类比或比喻。

通过类比或比喻，将对方的话题与更广泛的概念或情境联系起来，从而扩展对话的深度和广度。比如，对方说"我最近去了一趟新疆。"可以说"我也去过新疆，新疆真的是非常美，去一趟新疆，会感觉周游了世界一圈。"

（4）引入相关话题。在对话中引入与当前话题相关的其他话题，这可以帮助对方从不同的角度思考问题，也可以增加对话的趣味性。比如，对方说"我最近去了一趟新疆。"可以说"我也去过新疆，新疆的美食真的是无与伦比，我特别喜欢吃烤馕，你尝尝了没？"

（5）使用"5W1H"原则。即 Who（谁）、What（什么）、When（何时）、Where（在哪里）、Why（为什么）和 How（如何）。通过这些关键词，你可以更全面地了解对方的话题，并引导对话深入。

（6）倾听并理解。在延展话题时，要确保你完全理解了对方的话题。这包括对方的主要观点、情感和可能的意图。

（7）引入热点或相关人物。在沟通对话中，可以结合当前特点或流行话题，增加趣味，也可以引入相关人物或故事，增加话题维度。比如，对方说"我最近去了一趟新疆。"可以说"现在自驾去新疆的人可很多啊，太羡慕了，那谁也去了……"

不过，要避免过度延展。在延展话题时，要注意不要过度，以免让对方感到不自在或失去兴趣。

通过以上方法，你可以更有效地通过延展话题来丰富对话，增加互动性和趣味性。

05

识别对方的兴趣点并顺势而为

在沟通对话中，识别对方的兴趣点并顺势而为可以提升互动质量。我们可以学习一些方法。

（1）观察非语言信号，比如注意对方的肢体语言、表情和语调。

（2）倾听关键词，留意对方反复提及或强调的词汇。这非常关键，反复提过的，往往都是对方最在意的。

（3）提问引导，可以通过提问引导对方深入讨论兴趣点。比如：

A: 我最近在学习摄影。

B: 你最喜欢摄影的哪个方面？

（4）可以表达对对方兴趣点的共鸣，鼓励分享。你鼓励对方了，对方就能滔滔不绝讲下去。比如：

A: 我最近在学习摄影。

B: 我也很喜欢摄影，尤其是捕捉瞬间的感觉。你看我最近拍的这个……

（5）提供与对方兴趣点相关的补充信息，丰富内容。比如：

A: 我最近在学习摄影。

B: 摄影的光线运用很重要，你尝试过不同光线下的拍摄吗？长时间曝光……

（6）可以从不同角度探讨对方的兴趣点，增加深度。

（7）结合当前热点或流行话题，增加趣味。

方法很多，这些方法可以用在日常生活中，也可以用在职场里，不管是面对朋友，还是面对上级、下级，这些方法都能让你掌控沟通。

第四章

>
>
>

高情商的接话与回话

01

情绪管理：如何在对话中保持冷静

在对话中保持冷静是情绪管理的重要部分，尤其是在面对冲突或压力时，保持冷静的头脑和稳定的情绪，能很好地解决问题。

都说人是情绪动物，能控制住情绪的人，接话和回话都能比别人厉害。我总结的这些方法大家可以试试。

（1）善于深呼吸。深呼吸能帮助我们降低心率，缓解紧张情绪。当我们感到情绪波动时，深吸一口气，缓慢呼出，重复几次，情绪就能平复下来。

（2）情绪激动时，暂停与思考。这是为避免冲动反应，给自己时间整理思绪。可以在回应前停顿几秒，思考如何表达更合适。

（3）善于换位思考，要努力理解对方的立场，减少情绪化反应。可以试着从对方的角度看问题，理解他们的感受和动机。

（4）保持语气平和，平和的语气有助于缓解紧张，避免冲突升级。即使对方情绪激动，也尽量用平稳、温和的语气回应。别人激动你不激动，反而能给人稳重的感觉，让对方心生佩服。

（5）专注于讲事实、解决问题，而不是情绪化。试着将注意力放在事实和解决方案上，而非情绪或个人攻击。有的人事情还没解决，结果情绪上头，对话就无法进行了，更别提解决问题了。

（6）设定界限，防止对话失控。这个方法适合自控力比较差的人，提前给自己设定界限，一旦感觉到自己到了失控边缘，就强迫自己冷静。如果对方过于激动，可以礼貌地提出暂停对话，等双方冷静后再继续。

（7）自我提醒，在心里提醒自己"保持冷静"或"这只是一场对话"，没有什么大不了的。

（8）避免过度解读，减少不必要的情绪反应。不要过度猜测对方的意图，专注于他们实际表达的内容。如果出现你不确定的内容，可以说"我感到迷惑，当你……"而不是用"你总是……"这样的句式。

（9）反思和练习。对话后，回顾自己的表现，思考哪些地方做得好，哪些地方可以改进。当然，也可以在情绪难以控制时，寻求外部帮助。如果对话过于激烈，可以请第三方介入调解。

02

面对批评或负面情绪如何高情商回应

面对批评或负面情绪时，高情商的回应方式可以帮助我们更好地调节情绪。高情商的回应，不但能救场，还能赢得人心。

在一次节目中，何炅调侃撒贝宁为什么大家都还喊他"小撒"，撒贝宁幽默地回答："因为我化了妆"。这个回答既暗示了自己年轻，又巧妙地化解了尴尬。有人开玩笑说你的连衣裙像是孕妇装时，你可以幽默地回答："我这肚子里是停了条船，不跟你一般见识。"这样的回答既化解了尴尬，又展现了幽默。

我们如何才能用高情商回答化解尴尬呢？

最基本的，就是要保持冷静，不要立即做出反应，要不慌不忙。接下来可以用一些方法去尝试。

（1）感谢对方，避免防御性反应。即使批评可能让你感到不舒服，也要感谢对方的反馈。这表明你尊重对方的意见，并且愿意倾听。例如，"谢谢你的意见，我会认真考虑。""还真得感谢你，你要不说，我都没有意识到……"

（2）确认理解。确保你正确理解了批评的内容，可以复述对方的观点以确认。例如，"你是说在这个项目中，我应该在细节上更加注意，对吗？"

（3）探索细节。如果可能，询问具体的例子，这样可以帮助你更好地理解批评，并据此改进。例如，"你能给我一个具体的例子吗？这样我可以更清楚地了解你的担忧。"

（4）表达同理心，并聚焦解决方案。表现出你理解对方的感受，即使你不完全同意。例如，"我能理解这让你感到沮丧，让我们看看如何解决这个问题。"

（5）分享你的视角。如果你有不同的看法，可以礼貌地分享，但要确保这样做不会让对方感到被攻击。例如，"我理解你的观点，我想补充的是，我们当时的情况是这样的……"

（6）保持专业。即使批评是个人化的，也要保持专业态度，不要让它演变成个人冲突。例如，"我理解你的担忧，让我们专注于如何改进工作，而不是个人感受。"

（7）跟进与反馈。在对话结束后，采取行动并跟进。如果批评是合理的，确保你有所改进，并向对方展示你的进步。例如，"自从我们上次讨论后，我已经在××方面做了改进，我想知道你是否有看到任何变化。"

（8）保持自信。自信的态度能让你更好地应对批评，而不被负

面情绪影响。可以告诉自己："批评是成长的机会，我不会因此否定自己。"

　　面对批评，很多人第一反应就是否认，这是正常的，但我们通过练习，掌握了技巧，就能克服这一点，这样我们就能比别人更厉害一点。特别是职场上，有人批评你的报告有错误，低情商的回答往往是"你怎么不看看自己，你的错误也不少！"而高情商的人，会说"谢谢你的提醒，我确实疏忽了。你能具体指出哪里有问题吗？我会尽快修改。"

自从我们上次讨论后，我已经在××方面做了改进，我想知道你是否有看到任何变化？

跟进与反馈

O3

让对方感到被理解的沟通技巧

　　让对方感到被理解，我们之前讲到的共情就很重要。当我们表现出真诚对话、认真倾听的态度时，对方能感觉到。加上我们通过开放式提问，让对话持续，对方也会引起共鸣。

　　当然，还有一些方法，可以让对方很快感受到被理解、被认可。

　　（1）使用"我理解""我明白""我能感受到"等句式。有些人对这种句式不屑一顾，其实当你习惯于用这些句式的时候，你会发现真的很好用。

　　"我理解你的焦虑，这件事确实……"

　　"我明白你说的这个意思，要是……"

　　"我能感受到你的关心……"

　　（2）避免过早评判。沟通时，有人往往喜欢急于下结论，听到别人说想去哈尔滨旅游，就马上说："冰天雪地的，太冷了，别去了。"虽然这样的回应可能是出于好心，但别人感受到的却是不尊重。

一家人在准备吃饭时，妻子看到丈夫只盛了自己的饭而没有拿她的碗，于是说："你怎么只盛自己的饭？"丈夫听到后，意识到妻子可能误解了他的行为，丈夫解释说他打算用装鱼块的碗来盛妻子的饭，这样你就不用再拿一个新盘子了。

很明显，妻子过早评判，引起了误解。如果丈夫没有解释自己的意图，而是直接反驳或解释，可能会引起误会和冲突。不急于下结论，在沟通时非常重要。

> 你怎么只盛自己的饭？

> 我想用装鱼块的碗给你盛饭，这样你就不用再拿一个新盘子了。

避免过早评判

（3）关注非语言信号。这一点我们之前提到过，非语言信号在沟通中是非常重要的。对方的神态、动作都在强烈地发送信号。同样地，我们的非语言信号也在向对方表明态度。如果对方说话时，我们坐卧不安，对方就不可能觉得你理解他。别人显得紧张时，我们可以说："你看起来有点不安，是不是有什么担心？"别人显得兴奋时，我们可以报以微笑或做出兴高采烈的动作，对方就能感受到你跟他是同频的。

（4）表达支持。让对方知道你站在他一边，这样可以增强对方的信任感。比如说"我会尽力支持你，我们一起想办法解决。"

（5）承认对方的感受。即使你不完全同意，也要承认对方的感受是合理的，这样才能让对方感到被理解和接纳。比如说"我明白你为什么生气，换作是我可能也会这样。"

（6）多说"我们"，少说"你"。这是一个非常重要的语言习惯，说"我们"会强调共同目标，而不是对立关系，可以让对方感到你们是合作关系。

（7）保持耐心，这很重要。即使对方表达不清或情绪激动，也要耐心倾听，这能让对方感到你愿意花时间理解他。比如说"没关系，慢慢说，我在听。"

我明白你为什么生气，换作是我可能也会这样。

承认对方的感受

04

高情商沟通的禁忌：避免踩雷

高情商沟通的核心是尊重、理解和有效表达，但在实际沟通中，一些常见的错误可能会破坏对话的效果，甚至引发冲突。

这些沟通中需要避免的禁忌我们一定得注意。

（1）打断对方。打断对方会让他们感到不被尊重，甚至激化情绪。正确的做法是，耐心听完对方的话，再表达自己的观点。

（2）过度解释或辩解。过度解释会让对方觉得你在推卸责任或找借口，会显得很不真诚。正确的做法是，简明扼要地回应，重点放在解决问题上。

（3）使用攻击性语言，比如指责、讽刺或贬低对方会引发对立情绪。正确的做法是，用"我"开头的表达方式（如"我感到……"），避免指责对方。

避免指责对方

（4）忽视对方的感受，如果我们一味只关注事实而忽略情绪，会让对方觉得你不关心他们。特别是职场上，要认可对方的感受，表达共情，才能构建沟通的良好氛围。

（5）过度自我中心，只谈论自己，忽视对方的兴趣或需求，会让对方感到不被重视。

（6）不承认错误，一些人在任何场合都不愿意承认错误，即使明显有错也不承认，这会损害信任。如果只是为了面子、出于固执，最终会得不偿失。如果确实有错，坦诚承认并道歉。

（7）忽视对方的反馈，不回应或无视对方的反馈，会让对方觉得你不重视他们的意见。

（8）情绪化反应，情绪失控会让沟通失去理性，导致冲突升级。在情绪激动时，先暂停对话，冷静后再继续。

（9）使用绝对化语言，总是使用"你总是……""你从来不……"等绝对化语言，会让对方感到被攻击。正确的做法是，用具体的事实描述问题，避免以偏概全。

避免使用"你总是……""你从来不……"等绝对化语言。

避免绝对化语言

（10）忽视文化差异，不同文化背景的人对沟通方式的理解可能不同，忽视这一点可能导致误解。

（11）不尊重对方的界限，过度追问或侵犯对方的隐私，会让对方感到不适。要尊重对方的界限，避免过度干涉。

（12）不给对方表达的机会，有些人在沟通时"垄断"对话，不让对方表达，会让对方感到被忽视。正确的应该是，保持对话的平衡，鼓励对方分享他们的想法。

05

如何巧妙使用 DeepSeek
提升回话和接话能力

接话和回话虽然是即兴的人与人沟通，但在平时的不同场景下，可以使用 AI 工具 DeepSeek 对自己的回话和接话能力进行复盘和训练。

（1）基础沟通能力训练。

①场景化模拟对话。

具体操作方式为，向 DeepSeek 输入具体场景（如"同事抱怨工作"怎么接话，"朋友分享趣事"如何接话才能气氛活跃），然后生成多轮对话。

比如在 DeepSeek 中这样提问：

"模拟一个场景：朋友刚失恋找我倾诉，生成 5 轮对话，包含安慰和开放式提问。"

"同事总是来蹭我的车，我有点儿不好拒绝，帮我生成 4 个场景的对话，让我更好地拒绝同事，但又不伤感情。"

等到 DeepSeek 生成场景对话后，我们可以分析 AI 回应的逻辑结构（共情→引导→建议），模仿衔接话术。有的时候生成的话术是比较生硬和冷冰冰的，我们要做适当的调整，使其口语化。

②关键词延伸练习。

具体操作方式为，随机输入关键词（如"办公室吵架""项目对接""部门沟通"），让 DeepSeek 生成相关话题扩展。

比如，当我们向 DeepSeek 提问：项目对接沟通不畅。

DeepSeek 生成：是什么原因对接不畅的？是你没有表达好，还是对方难以沟通？我可以给你具体建议。

在向 DeepSeek 提问的过程中，要学习从单一信息点挖掘多个延伸方向（体验感受、专业知识、个人偏好），再向 DeepSeek 提出更细分的问题，就能逐步找到更好的建议。

（2）高阶技巧提升。

①话轮转换训练。

所谓的话轮转化标记词，就是我们经常使用的一些介词，比如"对了""其实""不过""说起来"等，这些词能有助于我们更自然地引导话题，过渡到下一个讨论点。

在与 DeepSeek 的互动中，我们可以练习使用这些标记词来转换话轮，从而使得对话听起来更加流畅，逻辑更加连贯。

比如，"其实，关于项目对接的问题，我们是否考虑了沟通的时机和方式？"通过这种方式，我们可以提高自己引导话题的能力，让沟通更具有策略性。

比如，我们可以输入指令：

"请用'其实'这个词，将话题从'工作压力'转向'时间管理方法'。"

DeepSeek 会输出类似这样的答案：

"压力大确实难熬，其实我最近在尝试番茄工作法，把任务拆解后反而轻松些了……"

②情绪镜像训练。

操作方式为，输入带有情绪的话语，让 DeepSeek 生成共情回应，对比自己的回答。

比如，我们在项目中，听到对方说："项目又被领导否决了，好挫败……"我们本能的情绪是安慰，会说："没事，别灰心。"

但是如果想要更好的回答，就需要在训练中，多复盘。可以借鉴 DeepSeek 的回答，如"连续被否定确实让人泄气，上次的方案你已经改了三版了吧？"这样的回答，有几重价值，第一重是情绪确认，深入第二层，则是事实关注，这样对方会觉得你是真心在关心他。

(3) 实战应用方法。

①对话复盘分析。

具体的操作步骤为：

A. 记录真实对话片段。

B. 将对话输入 DeepSeek，指令可以是"分析这段对话的回应质量，给出优化建议。"

C. 对比 AI 建议修改自己的回应。

②话术库建设。

DeepSeek 的使用场景很宽泛，可以给自己建设 DeepSeek 的话术库。比如，建立分类话术库（赞美 / 拒绝 / 安慰），用 DeepSeek 补充场景案例。自己平时多看看，就能提高自己的应对能力。

比如，在 DeepSeek 中提问"生成 10 种不尴尬的赞美方式，包含具体场景例句（如同事换新发型）"。等 DeepSeek 生成后，你再改造成你习惯的话语，作为平时的备用。

（4）专项问题解决。

①卡点突破练习。

如果遇到冷场，可以用 DeepSeek 来救急。

比如，遇到新能源汽车的话题，自己不知道怎么接话，又不想冷场。可以在 DeepSeek 中输入指令："生成 3 个自然过渡到新能源汽车子话题的问题（电池技术／充电设施／设计趋势）"，然后可以借鉴 DeepSeek 的回答。当然，这是模拟练习使用。如果是正常的沟通中，我们并没有这么多时间去询问 DeepSeek。

②文化差异适应。

具体操作方式为，让 DeepSeek 对比不同语境回应差异，输入指令如"对比中文和英语社交中回应赞美的不同方式，各举 3 个例子。"

DeepSeek 会生成具体的答案。当然，需要注意的是，DeepSeek 生成的答案并不一定就是拿来直接用的，需要做口语化改造，还需要甄别下真伪。

（5）训练计划建议。

①每日 15 分钟训练。

周一／三／五：场景模拟对话

周二／四：话术分析与优化

周末：真实对话复盘＋话术库更新

②效果检测方法。

每月录制模拟对话音频，对比初期与当前表现，关注这样几个方面：回应速度、话题延续轮次、自然过渡次数。

最后，需要重点提醒的是，任何接话和回话，都是 70% 的倾听理解加上 30% 的表达技巧，AI 并不能替代人与人的即兴沟通，在练习时要始终关注对方需求，注意倾听对方的需求，再作出相应的合适的回应。

在用 DeepSeek 生成对话后，要尝试用自己的语言重构回应，要让它变得口语化，变得带有感情，不然练习也是白费劲。

在使用 DeepSeek 系统化训练后，要在生活中多进行高频反馈的练习。一般 2~3 个月可见显著提升。比如本书，就给出了很多方案，在这些方案之上，根据自己的需求，配合 DeepSeek，对自己的需求进行深化、个性化配置，才能有好的使用效果。

第五章

∨∨∨

不同场景下的接话与回话

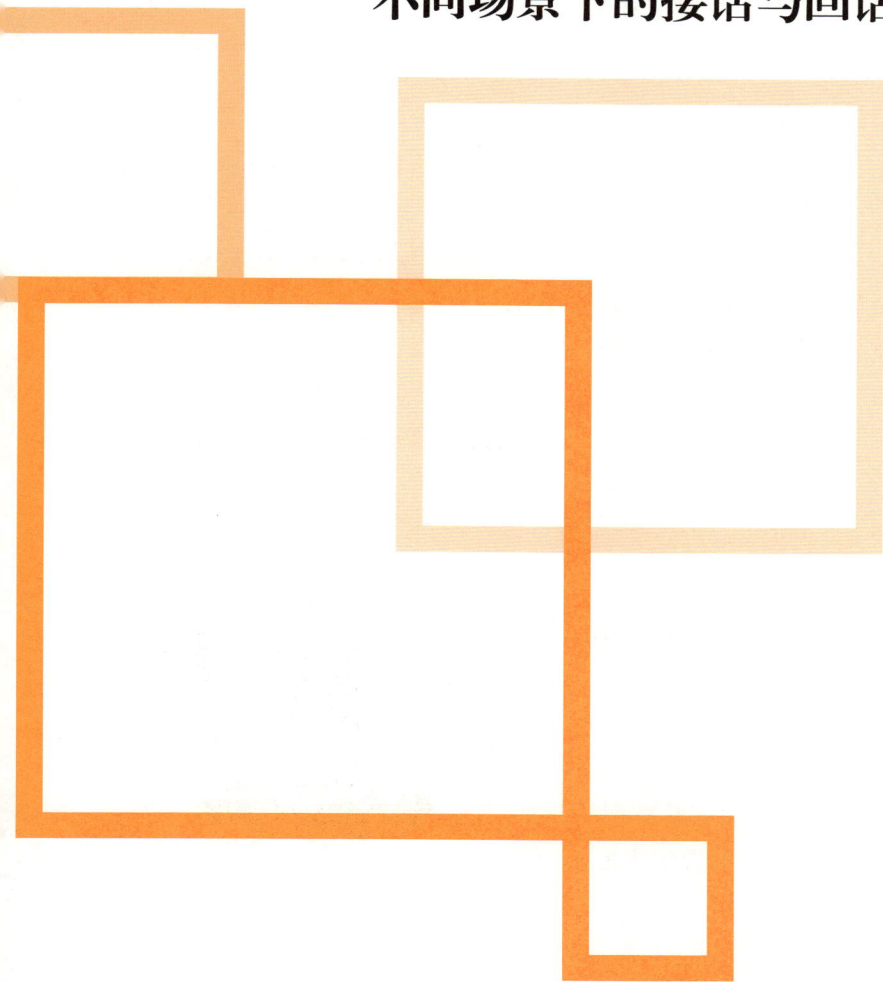

01

职场沟通：如何接话显得专业又得体

在职场中，接话的方式直接影响你的专业形象和人际关系。因此，掌握一些职场接话的技巧至关重要。

（1）要保持冷静和专注，避免在情绪激动时做出冲动的回应。当对方提出观点或问题时，可以稍作思考，整理好思绪后再给出回应，这样既能确保回应的准确性和专业性，也能展现你的沉稳和深思熟虑。

（2）要避免使用绝对化的语言，而是用具体的事实和数据来支持自己的观点，这样更能增强说服力，避免引起不必要的争执。也要使用肯定的语言，先肯定对方的观点，再提出自己的意见。让对方感到被尊重，同时展现你的合作态度。比如，"你说得很有道理，我补充一点……"

你说得很有道理，我补充一点……

避免使用绝对化语言，用具体事实和数据来支持自己的观点。

（3）适时表达感谢，对对方的建议或帮助表示感谢。这样可以展现你的礼貌和团队精神，比如，"谢谢你的建议，这对我们很有帮助。"

（4）适度使用专业术语，在合适的场合使用专业术语，但避免过度使用。这样可以展现你的专业知识，同时确保对方能理解。比如，"我们可以用 KPI 来评估这个项目的效果。"

（5）尊重对方的意见，即使不同意，也尊重对方的观点。这样能展现你的开放态度和职业素养。可以这样说，"我理解你的想法，不过我有一些不同的看法……"

（6）避免负面语言，即使有不同意见，也避免使用负面语言。这能展现你的职业素养和积极态度，比如可以说，"这个方案有一些挑战，但我们可以尝试改进。""虽然这个任务有难度，但我相信我们可以找到解决办法。"

这个方案有一些挑战，但我们可以尝试改进。

虽然这个任务有难度，但我相信我们可以找到解决办法。

避免使用负面语言

（7）可以用数据或事实支持自己的观点，能增强说服力，展现你的专业性。比如可以说，"根据去年的数据，这个方案的可行性很高。"

（8）在对话中保持适当的眼神接触和开放的肢体语言。一方面能展现你的自信和专注，另一方面能及时观察对方，并给予反馈。可以是点头、微笑、适当的语气词，表示你在认真倾听。

（9）适时、适当地总结对方的观点，在对话结束时，简要总结对方的立场。这可以让对方感到你认真聆听了他们的想法。比如说，"所以你的意思是……我这样理解对吗？"要尽可能地将你的回答结构化，比如先总结，再详细说明，最后再总结。

（10）避免打断，不要在别人说话时打断他们，即使你有很多想法想要分享。

需要强调的是，要尊重对方的差异和界限，不要过度追问或侵犯对方的隐私，保持适当的距离感，让对话更加和谐愉快。

最后再提供一些具体的接话案例，可以借鉴使用。

所以你的意思是……我这样理解对吗？

适时、适当地总结对方的观点

"你刚刚提到的市场趋势非常有趣，我想补充一点……"

"我同意你的看法，此外，我们还可以考虑……"

"我理解你的担忧，我们的计划中已经包含了相应的风险控制措施，具体是……"

"这是一个很好的建议，我想知道我们如何实施这个想法？"

02

朋友聚会：如何成为聊天的"润滑剂"

在朋友聚会中，要想随时接住别人的话，要想很好地转换话题，让每个人都感到舒适和参与，就需要一些接话和回话的技巧。

（1）幽默感是必须的。幽默感是打破尴尬和冷场的有效工具。一个轻松的笑话或自嘲可以迅速拉近人与人之间的距离，让大家对你产生兴趣。例如，可以用幽默的方式回应邀请：

哎呀，你这可是突然袭击啊！我这小心脏扑通扑通的，差点儿没经受住这惊喜的考验。

幽默感是必须的

（2）接话和回话一定要有些机智。在聚会中，机智的回应可以化解尴尬。例如，当被问到收入问题时，可以幽默地回答：

一个月啊，不多不少，刚够我这吃货的嘴和购物的心。

接话和回话一定要有些机智

（3）可以适当地转移话题。如果遇到敏感或尴尬的话题，可以巧妙地转移话题。例如，当被问到收入问题时，可以回答：

哈哈，你这问题问的我都有点不好意思了。对了，听说你最近去了趟西藏，玩的怎么样啊？

可以适当地转移话题

（4）有时候不能直接说，可以含蓄暗示。在回答敏感问题时，可以用含蓄的方式表达自己的观点。例如，当被问到收入问题时，可以回答：

老同学你消息挺灵通啊，不过呢，挣多少钱这事儿，咱也不能光看数字。

有时候不能直接说，可以含蓄暗示。

其他的技巧很多，这里不再赘述，提供一些接话的例子，可以借鉴。

"我真的很喜欢你刚才说的那个观点，这让我想到了……"

"那真是个有趣的故事，其他人有没有类似的经历可以分享？"

"听起来你有很多经验，我们都很想听听你的看法。"

"哈哈，那个笑话太逗了，有没有人还能分享一些笑话让我们开心一下？"

"我注意到你提到了……，我最近也在关注这个，你是怎么看的？"

"这个话题很有意思，我们是不是可以换个角度来讨论一下？"

"看来我们都有不同的看法，这真是太好了，我们可以从不同的角度来探讨这个问题。"

最后，重点说下朋友聚会时，遇到聚餐邀请时，一些高情商的接话和回话。我们可以借鉴使用。

回话 1：

哇，你这突然袭击也太给力了吧！我这小心脏怦怦跳的，差点儿没撑住这惊喜的考验。吃饭？那可是我最擅长的活动之一了，你真的要跟我来一场美食对决吗？不过先讲好，到时候你别看我吃得开心，就担心钱包呦！哈哈，开个玩笑啦，你的好意我收到了，时间地点你来定，我保证准时出现，到时候咱们一定要喝个痛快！

回话 2：

哇，超感谢你邀请我啊，真的好开心！你这也太客气了吧，随便吃点啥都行，不用搞得这么隆重嘛。但是既然你这么热情，那我就答应啦，不跟你客气了。就是不知道会不会给你添乱呢？如果可以的话，咱们找个时间地点一起定下来吧，我超期待和你一起吃晚餐的！

回话 3：

哎呀，我正头疼今晚吃啥呢，你就像救星一样出现啦，帮我解决了难题！不过先说好，我可是个大胃王，别让我把你吃"破产"了！还有啊，最近我正在努力减肥，你可别让我破戒啊！哈哈，开个玩笑啦，你的美意我收到了，咱们找个美味的地方，好好享受一顿大餐吧！

回话 4：

哇，真的假的？你居然要请我吃饭？太赞了！我简直不敢相信我听到的！你真的太给力了！我其实一直就想找个机会和你好好吃一顿，现在终于有机会了！快点告诉我什么时候、在哪里吃，我都等不及要和你一起大快朵颐了！到时候我们一定要吃个尽兴，喝个尽兴！

回话 5：

哇，你这是要请我吃大餐的节奏啊？太棒了！既然你这么慷慨，那我就不装了，直接开吃！不过得先告诉你，我可是个大胃王，吃起来可不含糊，你到时候可别心疼钱包啊！哈哈，还有哦，我那些爱吃的朋友也得带上，你确定没问题吗？哈哈，逗你玩儿的，我一定会好好享受这次美食之旅的，咱们找个超级赞的地方，好好地聚一聚吧！

03

家庭对话：如何避免争吵与误解

家庭中，很多矛盾往往是因为沟通不畅引起的。很多场景下，家庭成员之间的沟通都因为误解而不畅。

许多家庭沟通不畅，常出现单向表达和忽略倾听的情况。例如，夫妻间一方谈论工作压力时，另一方急于表达看法，易引发矛盾。亲子关系中，父母若不倾听孩子，孩子会感到不被理解，产生逆反。

观念差异是家庭矛盾的关键。不同年龄、成长背景和经历导致家庭成员间观念不同。夫妻在消费观、育儿观上的差异可能引发争吵，影响家庭和谐。

经济压力是家庭矛盾的主要根源。经济问题给家庭带来压力，减少收入或遇到财务困难时，家庭成员易焦虑不安，可能因开支争吵或担忧未来。经济压力还可能引起责任分担上的矛盾。

要解决这些问题，良好的家庭对话必不可少。

（1）改变沟通习惯。

比如，家庭中有人总喜欢说"你怎么 / 总是……"这样的句式，这种指责式的句式往往让沟通变得被动。沟通时用"我"开头，说

"我觉得……希望……" "我感觉……能不能……"这样的句式，就会弱化情绪对抗。

说"你总是乱花钱"肯定会引发矛盾，如果说"我认为我们可以共同探讨如何更有效地管理家庭财务，近期有些开销或许值得重新评估"这样的表述既提出了问题，又避免了指责，为后续的交流创造了余地。

你怎么/总是……

换成"我觉得……希望……""我感觉……能不能……"

换干

改变沟通习惯

（2）沟通时不要过度解读和联想。

不要轻易猜测对方的意图，尤其是负面的假设。如果对方语气有点儿急，不要直接认为"他/她在针对我"，而是可以问："你刚才的语气让我有点摸不着头脑，是不是有什么事情让你不开心？"

你刚才的语气让我有点摸不着头脑，是不是有什么事情让你不开心？

沟通时不要过度解读和联想

（3）尊重家庭成员之间的差异。每个家庭成员都有自己的观点和感受，我们应该尊重这些差异，而不是试图改变对方。

比如，对于某个家庭决策，大家的意见可能不一致，这时候要尊重每个人的想法，通过开放的讨论来寻找共识，而不是强行说服对方接受自己的观点。尊重差异还能增强家庭成员之间的包容性，让家庭氛围更加和谐。

给大家提供一个比较合适的对话，可以借鉴。

妈妈："我觉得最近我们有点儿忙，没时间好好聊天，我有点儿失落。"

爸爸："我明白你的感受，我最近工作确实有点儿忙。我们可以安排一个固定的时间一起聊聊天。"

孩子："我也觉得我们最近没怎么一起玩，周末我们可以一起做点什么吗？"

妈妈："好主意！那我们一起计划一下。"

04

初次见面：如何快速"破冰"

对一些社交达人来说，初次见面破冰轻而易举。但对很多人来说，初次见面聊天会有些紧张和不知所措。我们可以通过一些技巧来让对话持续，快速熟悉彼此。

（1）用开放式提问开启对话。避免问只能用"是"或"不是"回答的问题，而是用开放式问题引导对方多分享。比如：

"你是怎么认识今天的主办方的？"

"你平时喜欢做什么放松自己？"

（2）找到共同话题，从周围环境、当前场合或普遍感兴趣的话题入手，找到共同点。比如：

"今天的活动挺有意思的，你是第一次参加吗？"

"最近大家都在追《××》这部剧，你看过吗？"

（3）用幽默缓解紧张，适当的幽默可以让对话更轻松，但要注意分寸，避免冒犯对方。比如：

"今天人真多，我差点以为自己走错地方了，还好看到你也在找座位。"

"我今天的穿着是不是太正式了？感觉像是来参加颁奖典礼的。"

（4）用"冷读术"打开话题，通过观察对方的细节，猜测对方的兴趣或性格，引发对话。比如：

"看你穿得很休闲，平时是不是很喜欢户外活动？"

"你说话很有条理，是不是经常做演讲？"

（5）表达真诚的赞美，赞美对方的衣着、配饰或行为，但要注意自然、真诚，不要过度。比如：

"你的手表很特别，是在哪里买的？"

"你刚才的发言很有见解，我学到了很多。"

这里提供一段对话，可以借鉴。

A："今天的活动挺热闹的，你是第一次来吗？"

B："对，我是朋友推荐来的。"

A："我也是！你朋友是不是也对这个领域特别感兴趣？"

B："是啊，他经常参加类似的活动。"

A："那你平时对这个领域也有研究吗？我觉得挺有意思的。"

B："我刚开始接触，还在学习中。"

A："太巧了，我也是新手！我们可以一起交流学习。"

05

网络聊天：如何避免"冷场"与误解

现在大家聊天沟通，很多时候都在微信等社交软件上。有人微信上聊天聊得得心应手，有人微信上不知道怎么接话。学习一些技巧，对平时的网络沟通很有帮助。

（1）打开僵局的方法。

①个性化问候：告别单一的"你好"或"在吗"，尝试根据对方的兴趣爱好或最新动态，送上一句量身定制的问候。例如，"嘿，看到你朋友圈的旅行照片，你玩得开心吗？"这样的问候不仅显得亲切，还能迅速缩短彼此的距离。

嘿，看到你朋友圈的旅行照片，你玩得开心吗?

个性化问候

②趣味表情包：表情包是化解尴尬的法宝。一个恰到好处的表情包，能够缓解紧张气氛，让对话变得活泼有趣。然而，记得适度使用表情包，因为过多可能会给人一种不成熟的感觉。

③时事热点：探讨近期的热门事件，如流行电视剧、热议电影、社会新闻等，这些都是可能引起共鸣的话题。但要注意，避免触及敏感或争议性话题，以免引起不必要的争端。

④求助式开场：有时，向对方求助可以成为开启对话的有效方式。例如，"我最近打算换车，你有什么好的建议吗？"这样的开场，不仅能让对方感受到你的信任，还能自然地引导话题展开。

我最近打算换车，你有什么好的建议吗？

求助式开场

(2) 聊天持续不断的方法。

①提问与反馈：在对话中，积极向对方提出问题，并给予正面的回应。例如，"你上周参观的那个展览怎么样？我听说它很精彩。"这不仅能表现出你的兴趣，还能让对方感受到你的关注。

你上周参观的那个展览怎么样？我听说它很精彩。

提问与反馈

②分享趣闻：生活中总会发生一些令人愉快的趣事，不妨与对方分享。无论是自己的小尴尬，还是周围发生的有趣事件，都能使对话更加轻松愉快。

③寻找共鸣：在交流中，努力寻找与对方的共同兴趣点。比如，如果你们都对音乐情有独钟，可以讨论最近的热门歌曲；如果都热爱旅行，可以分享各自的旅行故事。共同的兴趣是拉近彼此距

离的有效途径。

④适时赞美：真诚的赞美总能让人感到愉悦。在对话中，不妨适时地给予对方赞美，如"你的着装真有品位"或"你的见解真独到"。但请记住，赞美要发自内心，避免过度夸大。

第六章

幽默感的培养与运用

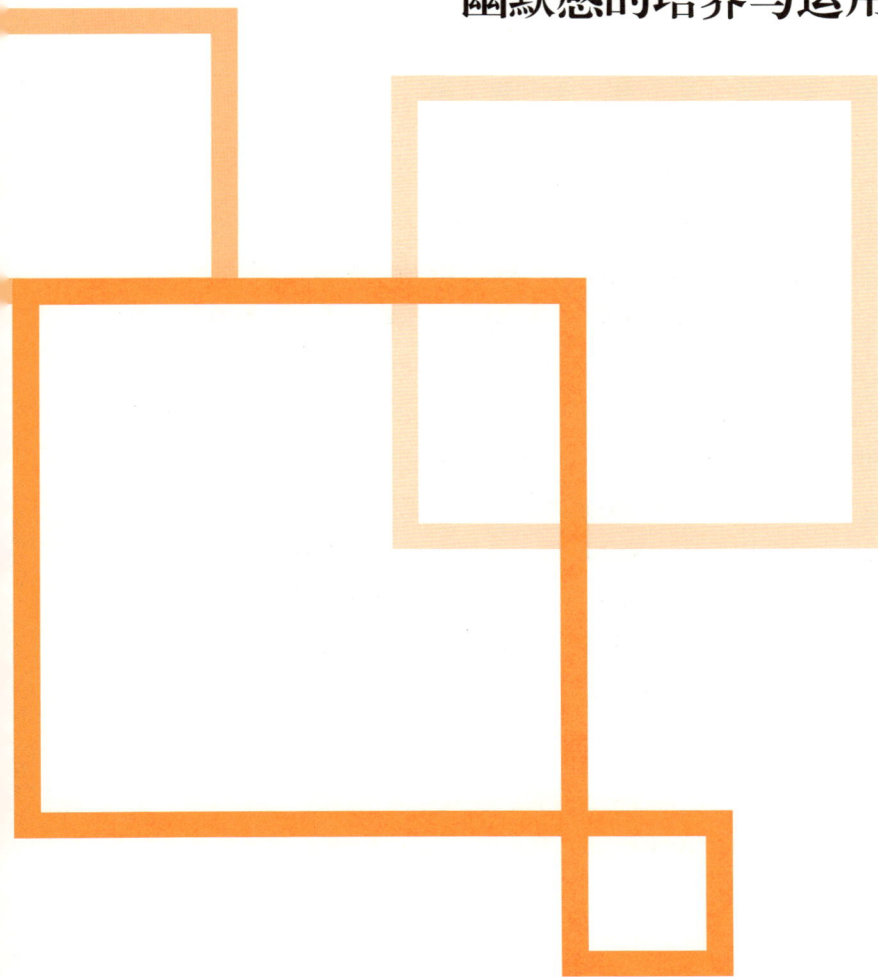

01

幽默的本质：让人放松与愉悦

幽默，如同生活中的调味剂，能让平淡无奇的对话变得生动有趣，让人在紧张或压抑的氛围中瞬间放松下来。幽默的本质，就在于它能让人在笑声中忘却烦恼，感受到愉悦与轻松。

在人际交往中，幽默感往往被视为一种高情商的表现。一个拥有幽默感的人，总能在不经意间用诙谐的语言化解尴尬，用机智的回应赢得他人的好感。幽默不仅能让人放松，更能拉近人与人之间的距离，让彼此在笑声中建立起深厚的友谊。

幽默的本质还在于它能激发人们的积极情绪，提升生活的幸福感。当我们面对压力和挑战时，一句幽默的话语或许就能成为我们释放压力、调整心态的良药。它让我们学会以乐观的态度去面对生活中的不如意，以豁达的心态去接纳他人的不同观点。

这里提供一些比较幽默的语句，供大家借鉴。

（1）当对方问你"最近怎么样？"时，你可以说：

"除了被生活按在地上摩擦，其他都挺好的！"

"还在努力成为亿万富翁的路上，目前刚走到'月光族'这一站。"

（2）当对方说"你好像胖了"，你可以说：

"对啊，这不是胖，这是幸福的膨胀！"

"这不是胖，这是我对生活的热爱在膨胀。"

（3）当对方说"你怎么总是这么忙？"你可以说：

"忙是忙了点，但离'拯救世界'的目标又近了一步！"

"忙着给地球打工呢，老板太苛刻，连假期都不给。"

（4）当对方说"你怎么还没结婚？"你可以说：

"我在等国家分配对象呢，可能快递有点儿慢。"

"婚姻是大事，我得先确保自己不会把对方'带偏'。"

（5）当对方说"你怎么总是迟到？"你可以说：

"我这是在测试大家的耐心，看来你们都及格了！"

"时间观念太强的人容易焦虑，我这是在帮大家放松。"

（6）当对方说"你怎么这么笨？"你可以说：

"笨鸟先飞嘛，我已经在起飞的跑道上了！"

"这不是笨，这是为了让你们显得更聪明。"

（7）当对方说"你怎么总是吃这么多？"你可以说：

"我在为未来的饥荒做准备，这叫未雨绸缪！"

"吃得多是为了更好地思考人生，你看我是不是很有深度？"

（8）当对方说"你怎么总是玩手机？"你可以说：

"我在和手机谈恋爱，它比人更懂我！"

"手机是我第二大脑，我得时刻保持充电状态。"

（9）当对方说"你怎么总是穿同一件衣服？"你可以说：

"这是我的'战袍'，穿上它感觉自己能拯救世界！"

"我在进行环保实验，看看一件衣服能穿多久。"

（10）当对方说"你怎么总是这么懒？"你可以说：

"懒是人类进步的阶梯，你看洗衣机、洗碗机不都是懒人发明的吗？"

"我不是懒，我是在为地球节约能量。"

（11）当对方说"你怎么总是记不住事情？"你可以说：

"我的大脑是智能筛选系统，只保留重要信息，其他都自动删除了。"

"记性不好是为了给生活制造惊喜，你看我又忘了你的生日！"

（12）当对方说"你怎么总是这么搞笑？"你可以说：

"这是我的超能力，专门用来拯救不开心的灵魂！"

"搞笑是我的副业，主业是当你的开心果。"

幽默回话的三种经典套路

除了上面提到的幽默句式，我们可以使用方法，自己去创造一些幽默的句子。这里给大家介绍三种制造幽默感的经典方法。

（1）反转预期。所谓反转预期，就是打破对方的心理预期，给出一个出乎意料的回答。比如：

对方："你怎么总是这么乐观？"

你："其实我内心很悲观，只是我的笑容太敬业，不肯下岗。"

对方："你今天怎么穿得这么正式？"

你："因为我怕穿得太随便，会被误认为是来修水管的。"

反转预期，就是说出一些与对方预期完全相反的话语，从而达到幽默的效果。这种方法的关键在于，你的回答要足够出乎意料，但又不能显得太过牵强，要让对方在听到你的回答后，能够会心一笑，感受到你的幽默感。比如，当对方问你"你怎么总是这么乐观？"时，你也可以回答"我其实是个悲观主义者，只是我擅长用笑容来掩盖我的悲伤"，这样的回答既反转了对方的预期，又显得自然幽默。

（2）自嘲法，就是通过调侃自己制造幽默，显得谦逊且接地气。比如：

对方："你做饭真好吃！"

你："谢谢夸奖！这是我唯一不会把厨房炸掉的技能。"

对方："你怎么总是这么忙？"

你："忙是忙了点，但离'拯救世界'的目标还差得远呢。"

自嘲法的核心在于以一种轻松的方式揭示自己的不足或困境，从而引发对方的共鸣和笑声。它要求我们在自嘲时保持一种自嘲而不自卑，调侃而不失态的态度。通过自嘲，我们不仅能够展现自己的谦逊和接地气，还能够缓解尴尬的气氛，拉近与对方的距离。

你做饭真好吃！

谢谢夸奖！这是我唯一不会把厨房炸掉的技能。

你怎么总是这么忙？

忙是忙了点，但离"拯救地球"的目标还差得远呢。

自嘲法

（3）假装误解，这一招的核心是故意曲解对方的意思，制造笑点。比如：

对方："我今天去健身房了。"

你："哇，你是去健身还是去给健身房增加重量？"

我今天去健身房了。

哇，你是去健身还是去给健身房增加重量？

假装误解

假装误解，这种幽默方式的关键在于抓住对方话语中的某个元素，进行夸张或反转的解读，使对方的话语听起来与原本的意思大相径庭，从而达到引人发笑的目的。在运用假装误解这一招时，要注意保持适度，避免让对方感到被真正误解或冒犯，这样才能在轻松愉快的氛围中增进彼此的关系。

03

避免"冷笑话"与"冒犯"的幽默禁忌

在沟通中，避免"冷笑话"和"冒犯"是非常重要的。冷笑话可能让人感到尴尬，而冒犯性的幽默则可能伤害他人感情。

那如何避免"冷笑话"呢？

（1）了解对方的幽默感，不同人对幽默的接受程度不同，了解对方的喜好和性格，选择适合的幽默方式。如果对方喜欢轻松搞笑，可以用夸张或反转预期的方式。如果对方比较严肃，幽默要更含蓄、温和。

（2）避免过于复杂或隐晦的笑点，冷笑话往往因为笑点太隐晦或难以理解而失败。确保你的幽默简单明了，容易被理解。不要说："你知道为什么鸡过马路吗？因为它想去对面。"（过于老套且无趣）而是说："鸡过马路是为了证明它不只是会'鸡飞狗跳'。"（更有趣且贴近生活）

（3）结合场景和话题，幽默最好与当前场景或话题相关，避免生硬地插入无关的笑话。在讨论工作压力时，可以说："压力大的时候，我就告诉自己，我不是在加班，我是在为未来的假期攒时间。"

（4）观察对方的反应，如果对方没有笑或显得尴尬，及时调整话题，避免继续讲冷笑话。

那如何避免在幽默中"冒犯"到别人呢？

（1）避免敏感话题，不要拿对方的年龄、外貌、体重、收入、家庭等敏感话题开玩笑。不要说："你怎么又胖了？"而是说："你看起来气色真好，最近是不是有什么开心事？"

（2）不要针对个人，幽默的对象最好是普遍现象或自己（自嘲），而不是针对某个具体的人。不要说："你怎么总是这么笨？"而是说："我有时候也挺笨的，上次还把手机当遥控器用。"

（3）尊重文化差异，不同文化对幽默的理解不同，避免使用可能引起误解或冒犯他人的文化梗。在国际场合，避免使用只有本地人才能理解的方言或梗。

（4）避免负面标签，不要用负面标签或刻板印象开玩笑，比如性别、职业、地域等。不要说："你们程序员是不是都不修边幅？"而是说："程序员真是厉害，能用代码改变世界！"

04

幽默感的日常训练方法

幽默感是一种可以通过日常练习和培养而提高的技能，我们可以多加练习。

首先，可以多观察生活，寻找幽默的素材。生活中的小细节、小插曲往往蕴含着幽默的元素，学会从中发现乐趣，并用幽默的方式表达出来，是提升幽默感的重要途径。比如，可以留意周围人的言行举止，从中捕捉那些令人捧腹的瞬间，然后尝试用幽默的语言去描述或模仿。

其次，可以尝试阅读幽默故事、看喜剧电影或听相声小品等。这些艺术形式中蕴含着丰富的幽默元素和技巧，通过学习和模仿，可以逐渐掌握幽默的表达方式。同时，也可以关注一些幽默博主或社交媒体账号，他们经常发布一些有趣的内容，可以为你提供灵感和素材。

此外，还可以多参加社交活动，与人交流互动。在与人交往的过程中，学会用幽默的方式化解尴尬、缓解紧张气氛，也是提升幽默感的有效方法。可以尝试在合适的场合下讲一些笑话或趣事，观察听众的反应，不断调整自己的幽默方式和内容。

最后，要保持一颗乐观积极的心态。幽默感往往源于自己对生活的热爱和乐观态度。只有对生活充满热情和好奇的人，才能发现更多的幽默元素，并用幽默的方式去感染和影响他人。因此，在日常生活中，要学会用积极的心态去面对困难和挑战，用幽默的方式去化解压力和烦恼。

幽默感不是一成不变的，随着社会文化的变化，幽默的方式也在变化。持续学习新的幽默技巧和潮流也很重要。

记住，幽默感的培养需要时间和耐心，不要因为一开始的尝试没有达到预期效果就气馁，持续的练习和积极的态度将帮助你逐渐提升幽默感。

第七章

如何应对难接的话题

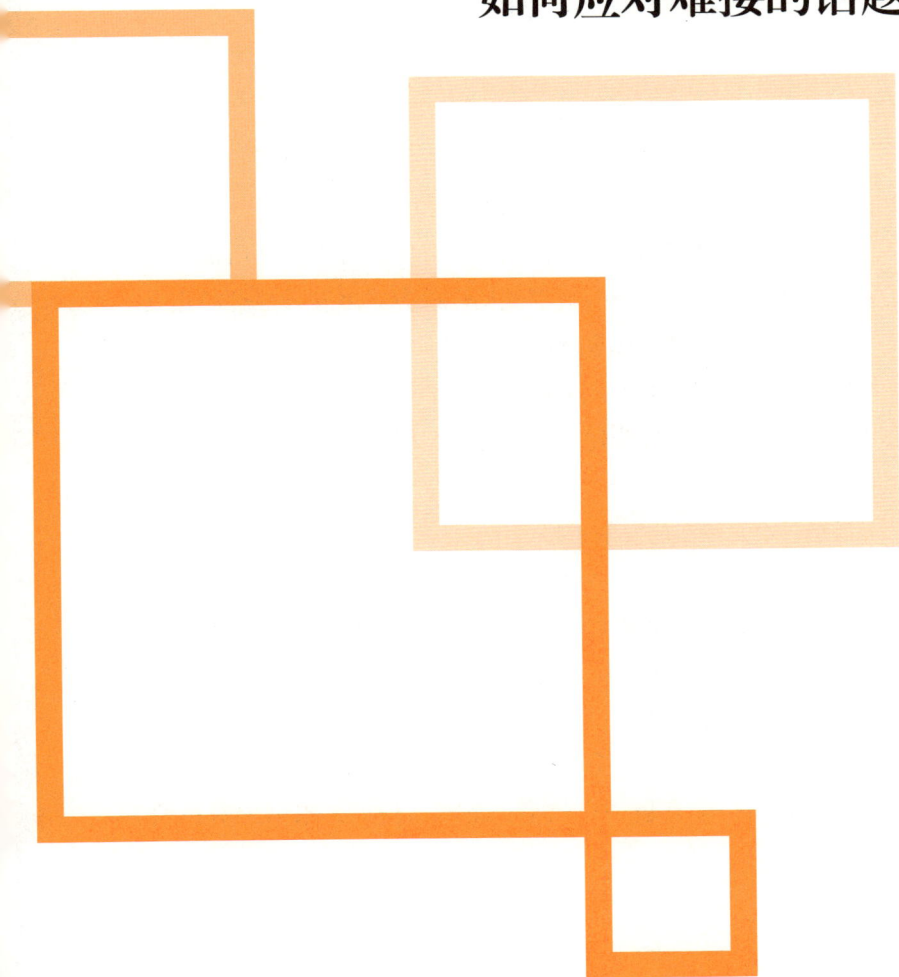

O1

面对尴尬话题的应对策略

聊天时，面对尴尬话题，我们无法立马走开，也不想让话题终止的时候，就很考验我们接话和回话的能力了。

此时，保持冷静和镇定至关重要。首先，可以尝试用幽默的方式去化解尴尬，比如用一些自嘲或调侃的方式来转移话题的焦点，让气氛变得轻松起来。如果幽默的方式不太适合当前场合，也可以选择用更温和、理性的方式去回应，比如表达自己对这个话题的看法和理解，或者提出一些建设性的建议，引导话题向更有意义的方向发展。

当然，也有很多应对的策略。

（1）岔开话题。当一个问题让你感到尴尬时，可以尝试岔开话题。例如，当伴侣问你是否觉得她老了，你可以转移注意力，称赞她的气质和魅力，这样既能避开直接回答，又能让对方感到开心。

岔开话题的关键在于自然和巧妙，不要让对方感觉到你在刻意回避。你可以通过提出一个与当前话题相关但又不那么敏感的新话题，或者分享一个有趣的小故事、新闻事件等，来引导对话的方向。比如：

同事打听薪资时。

同事："哎，你工资多少啊？"

你："哈哈，这可是个敏感话题！对了，你周末去看新上映的那部电影了吗？听说挺不错的。"

亲戚催婚时。

亲戚："有对象了吗？什么时候结婚啊？"

你："谢谢关心！我最近工作挺忙的，刚接手了一个新项目，还挺有挑战性的。"

（2）反问对方。将问题抛回给对方，既能避免直接回答，也能了解对方的意图。例如，"你怎么会问这个问题？"或"你对这个话题怎么看？"这种反问的方式可以巧妙地转移焦点，让对方思考自己的提问是否合理，同时也给了自己更多思考如何回答的时间。

比如，当朋友开玩笑地问："你是不是暗恋我啊？"你可以笑着反问："你怎么会这么想呢？是不是你自己心里有什么小九九啊？"这样的回应既显得风趣，又避免了直接回答可能带来的尴尬。但要注意的是，反问时语气要轻松自然，避免让对方觉得你在质问或挑衅。

比如：

亲戚催婚时。

亲戚："有对象了吗？什么时候结婚啊？"

你："您怎么这么关心我的终身大事啊？是不是想给我介绍对象？"

对方情绪激动，话题敏感时。

对方："我觉得×××政策简直太糟糕了！"

你："你为什么会有这样的看法呢？能跟我分享一下吗？"

（3）使用模糊语言。有时候，使用模糊的语言可以避免直接回答尴尬的问题。例如，如果有人问你关于你的私人生活，你可以回答："嗯，这是一个有趣的话题，但我更喜欢谈论其他事情。"这样的回答既不会泄露你的隐私，也不会让对方觉得被冷落。模糊语言的好处在于它的灵活性和非直接性，可以让你在不明确拒绝对方的情况下，保护自己的私人空间。

比如，当被问及薪资时，你可以说："我觉得薪资是一个相对私人的话题，我更愿意聊聊工作中的挑战和成长机会。"这样的回应既礼貌又得体，避免了直接透露薪资信息的尴尬。但要注意的是，使用模糊语言时要保持真诚和尊重，避免让对方觉得你在敷衍或逃避。

如何巧妙化解"刁难"问题

日常沟通中，被人"刁难"也非常常见。有人说话不友善，或者话里有话、夹枪带棒，或者故意戏谑，面对这种情况，一种处理方式是直接"回怼"，不过这样就可能面临撕破脸皮，沟通无法进行，双方不欢而散。

要让话题继续，沟通进行，就要采取策略，巧妙化解"刁难"问题，让对方心服口服。首先，保持冷静和理智是关键。当面对刁难或挑衅时，很容易被情绪左右，但保持冷静可以让你更好地应对。深呼吸，放松自己，不要让情绪影响你的判断和回应。然后再采取以下的方法，回应对方。

（1）明确态度，守护底线。当有人试图给你增加额外的工作负担时，可以用坚定有力的语气表明你的态度，比如，"不好意思，我手头的工作已经排满了，这超出我的负荷啦，你找其他人帮忙吧。"这样清晰表明你的底线，让对方知道你不可轻易拿捏。

（2）巧妙拒绝。当有人提出你不愿意接受的要求时，可以用幽默和合理的方式拒绝。例如，朋友明知道你不想出去，还多次约你周末逛街，你可以说："我这周被工作虐得'体无完肤'，急需在家'回血'，咱们改天再约个美美的下午茶吧。"这样的拒绝既合理又充满期待，能让对方理解你的处境。

（3）幽默化解尴尬。面对他人的刁难或挖苦，可以用幽默来回应。例如，同事阴阳怪气地说你穿得花哨，你可以笑着回应："我这是在为办公室增添一抹亮色，让大家每天都能工作在时尚前沿，心情更愉悦呢。"这样的回应不仅能化解尴尬，还能展现你的高情商和强大气场。

（4）保持冷静，鼓励对方继续说，让对方不好意思。比如，当对方在吵架时故意刁难你，可以先面带微笑鼓励他说更多："继续说，还有吗？"或者"慢慢说，别着急。"这样不仅能保持冷静，还能让对方感受到你的自信和从容。

（5）具体化对方的言论。当对方说完后，可以用一种看似不懂的方式刺激他："你说的我不太懂，能再说具体点吗？"或者"能不能提供更多细节？"这样会让周围人觉得他是无理取闹的人。

如果对方是在发泄情绪，可以用理解的方式回应："我知道你最近生活压力大，但这并不是你攻击我的理由。"这样的回应既显得大方又不失风趣。

03

当对方情绪激动时如何接话

　　沟通时，如果对方情绪激动，我们如何应对呢？不管在职场中，还是日常生活中，三句不合就会吵起来，如果双方都剑拔弩张，很容易让矛盾升级。这时，我们需要做的是先冷静下来，不要让情绪左右自己的行为。

　　可以尝试用温和的语气询问对方："你是不是有什么不开心的事情？可以和我分享一下吗？"这样的关心不仅能让对方感受到你的诚意，还能为接下来的沟通打下良好的基础。在对方情绪激动时，首先要保持冷静，不急于争辩。理解对方的情绪，表达对对方感受的理解，例如，"我理解你的感受，这件事确实让人很不舒服。"

你是不是有什么不开心的事情？可以和我分享一下吗？

我理解你的感受，这件事确实让人很不舒服。

尝试用温和的语气询问对方

　　如果是自己的错，为了平息对方的情绪，可以及时道歉。及时道歉是一个很好的缓解方法。例如，"对不起，我刚刚说得不太合

适。"同时，进行自我反思，展示对问题的重视，例如，"或许我真的没有考虑周全。"

在对方情绪激动时，表达关心可以缓解紧张气氛。例如，"我很在意你的感受，我们一起好好聊聊。"这种温柔的关心能让对方感受到你的爱与呵护，有助于其情绪平静下来。

这个时候要避免争论，不要试图在对方情绪激动时说服或争论。例如，"我理解你的观点，但我有不同的看法。"或"我们可以稍后再讨论这个问题。"

也可以强调与对方的共同目标，增加彼此的配合度。例如，"咱们都是希望把这个事快点解决。""我们可以一起想想办法解决这个问题。"或"我可以帮你联系相关的人。"这样可以让对方感到安全，更愿意配合解决问题。

如果沟通真的无法继续，可以试着寻求第三方帮助，特别在职场里，如果无法沟通，可以寻求同事、领导的介入。可以说"我们需要找个调解人来帮忙。"或"我建议我们去找专业人士咨询。"

O4

面对冷场时的自救技巧

再擅长聊天的人也难免会遇到冷场的尴尬时刻。那些突如其来的沉默，就像空气中的凝固剂，让原本热闹的氛围瞬间变得尴尬无比。但别担心，冷场并不意味着对话的失败，它只是对话中的一个小插曲。关键在于我们如何应对这种尴尬的局面，让对话重新活跃起来。

一种有效的方法是转换话题。当发现对话陷入沉默时，可以巧妙地引入一个新的话题，比如询问对方的兴趣爱好、最近的旅行经历或是最近热门的新闻事件。这样不仅能打破沉默，还能让对方有机会分享自己的经历和想法，从而增进彼此的了解。

另外，也可以通过幽默来缓解冷场的尴尬。一句幽默的话语或是一个轻松的笑点，往往能让原本紧张的氛围瞬间变得轻松起来。但要注意的是，幽默要适度，避免过于尖刻或冒犯性的言论，以免适得其反。

当然，有时候冷场也可能是因为我们对某个话题不够了解或无法产生共鸣。这时，不妨坦诚地表达自己的感受，并邀请对方分享他们的看法。通过倾听和了解对方的观点，我们可以找到更多共同话题，从而避免冷场再次发生。

可以使用"提到这个，我就……"的句式，这个句式可以帮助你自然地转换话题，同时避免让对方感到被忽视或不舒服。比如，当对话中出现短暂的停顿或冷场时，你可以说："提到这个，我就想起上次去旅行时遇到的一件趣事。"这样不仅能顺利地将话题转移到新的内容上，还能让对方感到你的关注和热情，使对话得以愉快地进行下去。

提到这个，我就想起上次去旅行时遇到的一件趣事。

使用"提到这个，我就……"的句式

我们要正视冷场，聊天中的冷场其实就像歌曲中的间奏，是聊天过程中的一个自然"小插曲"。它并不意味着你的聊天技巧有问题，更不代表你们之间的关系出现了裂痕。所以，当冷场出现时，别急着自责或尴尬，保持冷静，用一颗平常心去面对它。

如果冷场无法打破，你可以适时结束对话，比如找个借口离开或改变话题。

05

如何优雅地结束一段对话

优雅地结束对话需要技巧，既要避免突兀，又要给对方留下好印象。自然过渡是一种不错的方法。当对话逐渐接近尾声时，你可以通过一些暗示性的语言，比如，"时间过得真快，和你聊天真是很愉快"或"很高兴听你分享这些，我学到了很多"，来让对方意识到对话即将结束。这样的过渡既不会显得突兀，又能让对方感受到你的尊重和友好。

可以表达感谢，感谢对方的时间和分享。例如，"谢谢你的时间，和你聊天很愉快。"或"感谢你和我分享这些有趣的故事。"

可以展望未来，表达对未来交流的期待。例如，"希望以后有机会再聊。"或"下次见面我们再详细讨论。"

可以提出行动，如果合适，提出具体的后续行动。例如，"我把资料发给你，你方便的时候看看。"或"我们约个时间一起吃个饭吧。"

不过，要注意的是，要避免突然结束对话，这可能会让对方感到困惑或不舒服。可以逐渐减少对话的频率，给对方一个适应的过程。还有，在结束对话之前，确保所有问题都已经得到解决或至少有了一个明确的解决方案。也要避免过多地告别，这可能会让对方感到不舒服。简单明了的告别即可。

这里提供一些不同情景下结束对话的案例，可以借鉴。

工作场合：

对方："感谢你今天的会议，我学到了很多。"

你："非常感谢，我也觉得这次会议非常有成效。如果你有任何问题或需要进一步讨论，请随时联系我。"

社交场合：

对方："和你聊天真的很开心，希望我们以后还能再见面。"

你："我也很享受这次交流，一定会的。下次我们可以一起去喝杯咖啡，继续我们的对话。今晚过得非常愉快，谢谢你的邀请！"

家庭聚会：

对方："谢谢你今晚的准备，孩子们都玩得很开心。"

你："不客气，我很高兴看到大家都这么开心。如果你需要帮忙收拾，请告诉我。今晚真的很开心，期待下次的聚会！"

电话交流：

对方："好的，我会按照你说的去做。谢谢你花时间帮我。"

你："不客气，很高兴能帮到你。如果你以后还有任何问题，随时给我打电话。祝你今天过得愉快，再见！"

网络聊天：

对方："好的，我明白了。谢谢你的详细解释。"

你："不客气，很高兴能帮到你。如果你还有其他问题，随时联系我。祝你今天过得愉快，再见！"

第八章

语言、非语言与潜台词的使用技巧

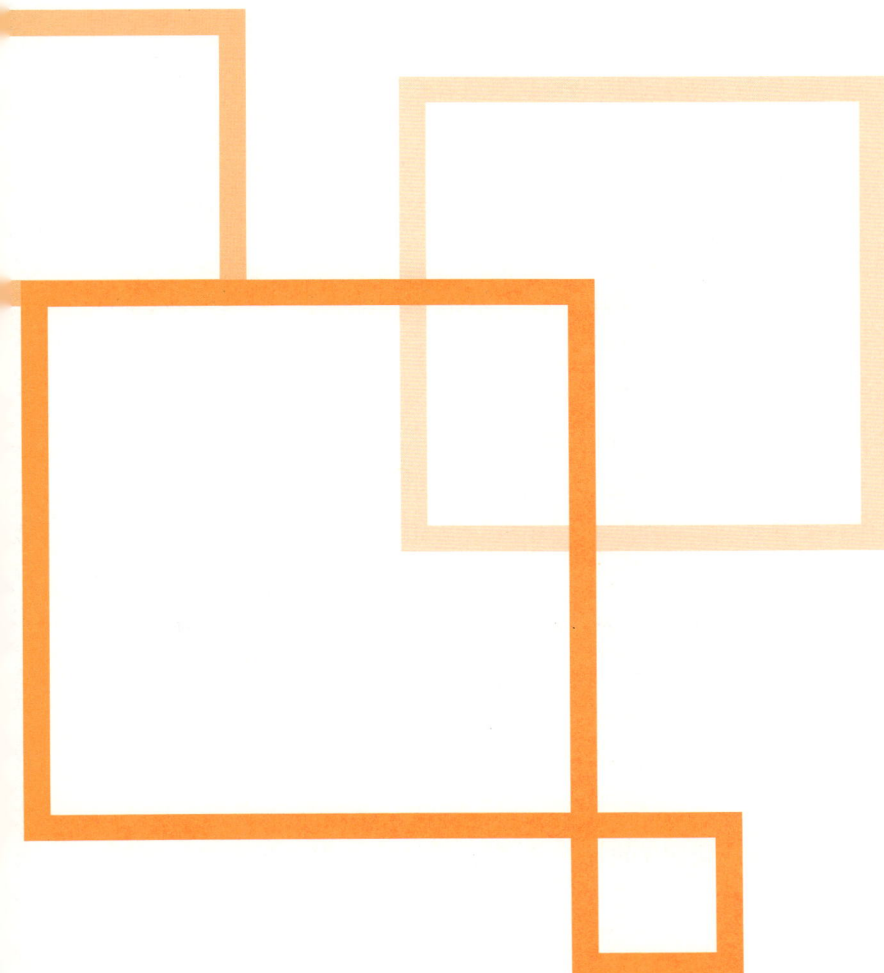

01

如何通过语气和词汇传递情感

在沟通中，语气和词汇是传递情感的重要工具。通过恰当地运用语气和选择词汇，我们可以有效地表达自己的情感，增强沟通的效果。

语气可以传达出我们的态度、情绪和感受。例如，当我们感到高兴时，语气通常轻快而愉悦；当我们感到悲伤时，语气则可能低沉而缓慢。通过调整语气，我们可以让对方更好地理解我们的情感状态，从而增进彼此之间的理解和共鸣。

同时，词汇的选择也至关重要。不同的词汇可以表达出不同的情感色彩和含义。例如，使用积极、正面的词汇可以传递出乐观、向上的情感；而使用消极、负面的词汇则可能让人感受到沮丧、压抑。因此，在沟通中，我们应该注意选择恰当的词汇，以准确地表达自己的情感。

（1）语气。

①语调：提高音调可以表达兴奋或惊讶，降低音调则显得严肃或悲伤。

②语速：加快语速可以传递紧张或激动，放慢语速则显得沉稳

或深思熟虑。

　　③音量：提高音量可以表达愤怒或强调，降低音量则显得温柔或安静。

　　④停顿：适当的停顿可以制造悬念或强调重点。

　　比如兴奋时，应该是这样。

　　语调："哇！我中奖了！"（音调突然升高）

　　语速："太棒了！我简直不敢相信！"（语速加快）

　　音量："耶！我们赢了！"（音量提高）

　　停顿："我……我简直不敢相信！"（在"我"后面停顿，制造悬念）

　　比如悲伤时，应该是这样。

　　语调："唉……我很难过……"（音调低沉）

　　语速："我……我……不知道该说什么……"（语速缓慢，断断续续）

　　音量："我的心都碎了……"（音量降低）

　　停顿："我……我……真的很难过……"（在"我"后面停顿，表达哽咽）

　　比如愤怒时，应该是这样。

　　语调："你怎么能这样对我！"（音调升高，语气严厉）

　　语速："我受够了！我再也不想见到你！"（语速加快，语气急促）

　　音量："闭嘴！我不想听你解释！"（音量提高，语气愤怒）

　　停顿："你……你……太过分了！"（在"你"后面停顿，表达愤怒）

比如温柔时，应该是这样。

语调："亲爱的，我爱你……"（音调柔和，语气温柔）

语速："我会一直陪在你身边……"（语速缓慢，语气舒缓）

音量："你是我最重要的人……"（音量降低，语气轻柔）

停顿："我……我……真的很爱你……"（在"我"后面停顿，表达深情）

（2）词汇。

①情感词汇：使用带有情感色彩的词汇，如"开心""难过""愤怒"等。

②形容词和副词：使用形容词和副词来修饰名词和动词，增强情感表达。

③比喻和拟人：使用比喻和拟人手法，使表达更生动形象。

④语气词：使用语气词，如"啊""呢""吧"等，增强语气和情感。

比如，兴奋、悲伤、愤怒、温柔时，应该使用这些词汇。

兴奋："太棒了！""难以置信！""令人兴奋！""激动人心！"

悲伤："难过""伤心""痛苦""绝望""心碎"

愤怒："愤怒""生气""恼火""暴怒""火冒三丈"

温柔："亲爱的""宝贝""甜心""我爱你""你是我最重要的人"

（3）非语言沟通。

①面部表情：微笑、皱眉等表情可以传递丰富的情感。

②眼神交流：眼神接触可以表达真诚、关注或爱意。

③肢体语言：手势、姿势等可以传递自信、紧张或开放等情感。

比如，兴奋、悲伤、愤怒、温柔时，应该有这样的表现。

兴奋：手舞足蹈、眉飞色舞、眼睛发亮

悲伤：低头垂肩、眼神黯淡、流泪

愤怒：握紧拳头、咬牙切齿、瞪大眼睛

温柔：微笑、眼神温柔、拥抱

需要注意的是，语气和词汇的使用要自然得体，避免过度夸张或做作。同时，也要注意文化差异，避免使用可能引起误解的词汇或语气。

识别对方话语中的隐藏需求

很多时候，人们并不会直接说出他们的真实想法或需求，而是通过言语间的微妙变化和非言语行为来传达。因此，我们需要敏锐地捕捉到这些信号，以便更准确地理解对方的意图。例如，当对方说"我没事"时，可能实际上是在表达"我需要你的关心和安慰"。这时，如果我们能够识别出这种隐藏的需求，并给予适当的回应，就能增进彼此之间的理解和信任。

识别对方话语中的隐藏需求，关键在于细心倾听、观察非言语线索，并运用同理心去理解对方的感受和动机。

（1）倾听言外之意。有时候，人们不会直接表达他们的需求，而是通过暗示或间接的方式。仔细倾听对方的言辞，注意是否有未明说的期望或担忧。比如，当对方频繁提到某个话题或表现出对某个问题的特别关注时，可能是在暗示他们希望在这方面得到更多的讨论或帮助。再比如，如果对方在谈话中流露出不安或犹豫，可能是在担心某些潜在的问题或后果。这时，我们可以通过提问或给予肯定和鼓励的方式，引导对方进一步敞开心扉，明确表达他们的需求。细心捕捉这些微妙的信号，是建立有效沟通的重要一环。

（2）观察非言语线索。肢体语言、面部表情和语调可以提供关于对方情绪和需求的重要线索。例如，皱眉可能表示担忧，而开放的身体姿态可能表示愿意交流。注意对方的眼神交流，避免或转向可以反映出他们的兴趣和参与度。微笑可能表示满意或友好，而紧张的姿势则可能暗示不安或防御。通过综合这些非言语信号，我们可以更全面地理解对方的真实感受和潜在需求，从而做出更为贴切的回应。

（3）同理心。设身处地地考虑对方的感受和立场。尝试理解对方可能面临的压力和挑战，这有助于你更准确地识别他们的隐藏需求。当你能从对方的角度看待问题时，你会更容易察觉到那些未明说但确实存在的需求。比如，一个同事在抱怨工作量大时，他可能并不是单纯地在发泄情绪，而是在寻求工作上的支持或资源的重新分配。通过设身处地地思考，你可以更敏锐地捕捉到这些隐藏的需求，从而给予对方更恰当的帮助或建议。这不仅有助于改善人际关系，还能提升团队的整体效率和满意度。

（4）注意重复的词语或主题。如果对方在对话中反复提到某个词语或主题，这可能表明这是他们特别关心或需要解决的问题。留意这些重复点，可以帮助你更深入地了解对方的真实意图。例如，如果客户在与你交谈时不断提及某个产品的某个特性，这可能意味着这个特性对他们来说非常重要，甚至可能是他们决定是否购买的关键因素。通过捕捉到这些重复的信息，你可以调整你的沟通策略，更准确地满足对方的需求，从而提高沟通效率和客户满意度。

（5）观察对方的行为变化。行为上的变化，如突然沉默或改变话题，可能表明对方有未说出的需求或担忧。这些行为变化往往是内心情绪的直接反映，可能意味着对方遇到了困扰或需要更多的理解和支持。

例如，当一个人在交谈中突然变得沉默寡言，这可能是因为他们正在思考某个重要问题，或者对当前的讨论内容有所顾虑。此时，你可以通过温和地询问或给予对方一些思考的空间，来表达你的关心和理解。同样，如果对方频繁改变话题，这可能是在试图避免某个敏感或不舒服的讨论。在这种情况下，你可以耐心地引导对话，或者提出一个开放性的问题，鼓励对方分享更多的想法和感受。通过敏锐地观察这些行为变化，你可以更好地理解对方的内心世界，从而建立更深层次的信任和连接。

一旦识别出对方的隐藏需求，提供具体的帮助或建议。确保你的帮助是对方真正需要的，而不是你认为他们需要的。

有时候，人们可能不愿意直接表达自己的需求，或者他们自己也不清楚真正需要什么。在这种情况下，你可以通过观察他们的行为和情绪，结合你对他们的了解，来推测可能的帮助方向。

需要注意的是，识别隐藏需求并非易事，需要不断练习和积累经验。同时，也要避免过度解读或武断下结论，保持开放和尊重的态度。

总之，识别对方话语中的隐藏需求需要耐心、细心和同理心。通过观察、倾听和思考，你可以更好地理解他人，建立更深厚的关系。

03

如何用潜台词让对话更有深度

潜台词是指在言语之外所传达的信息，它可能是一种暗示、一种情感色彩，或者是一种未言明的立场。日常沟通交流中，潜台词随处可见。有人对潜台词不熟悉，就会显得很木讷，无法理解别人说的话，进而让沟通无法顺利进行。

掌握潜台词的运用，则能让你的对话更加生动有趣，富有深度。通过巧妙地运用潜台词，你可以更含蓄地表达自己的意思，同时也能更好地捕捉和理解对方的真实意图。

常见的潜台词类型包括这些。

（1）委婉拒绝。当他人表示"我考虑一下"或"我再想想"时，通常并非真正地在权衡，而是在以一种委婉的方式拒绝你的提议。在这种情况下，我们应当尊重对方的选择，避免过分强求。

常见的这个类型的话语有这些。

① "我们改天再约吧。"这句话通常隐含的意思是"我对这次会面不感兴趣。"当对方提出这样的建议时，很可能是在婉转地表达不愿与你见面。领会这一点，有助于避免产生不必要的期待和失望。

> 我们改天再约吧。

> 我对这次会面不感兴趣。

② "这个提案不错，但我们需要再讨论一下。"这句话实际上暗示了"这个提案尚需完善。"尽管对方表面上对你的提案表示了认可，但他们真正的意图是提示你需要进一步提升你的提案。

> 这个提案不错，但我们需要再讨论一下。

> 这个提案尚需完善。

③ "我很忙，过几天再说。"这句话通常暗示着"我目前不想处理这个问题。"对方可能是在争取时间，或者是在回避直接回应你的提问。

> 我很忙，过几天再说。

> 我目前不想处理这个问题。

④"我们保持联系。"尽管这句话听起来颇为友善，但其隐含的意思通常是"我们可能不会再保持联系。"这是一种礼貌性的结束对话的方式，暗示双方未来不太可能有进一步的交流。

⑤"让我考虑一下。"这句话通常隐含的意思是："我现在并不急于做出决定。"对方可能正在寻找一个恰当的借口来拒绝，或者仅仅是在争取更多时间。

⑥"这件事不急。"当对方说出这句话时，实际上他/她暗示着："目前我并不打算处理这件事。"这可能意味着对方认为这件事并不紧迫，或者在优先级排序上并不处于前列。

⑦"我们再讨论。"当对方提出这个建议时，他/她实际上可能在寻找一个避免深入讨论这个话题的借口。这可以理解为对方希望终止这个话题的进一步探讨。

我们再讨论。

避免深入讨论这个话题。

（2）谦虚表达。有时，别人会用谦虚的语气来表达自己的成就或能力，如"哪里哪里，我做得还不够好"。实际上，他们可能是在暗示自己在这方面的表现是相当出色的。我们可以适当地给予肯定和赞美。

谦虚表达，很多场景下都需要，这里提供一些，可做借鉴。

①淡化成就，如

"这只是运气好而已。"

"我还有很多需要学习的地方。"

"这没什么大不了的，很多人都能做到。"

②强调团队合作，如

"这是我们团队共同努力的结果。"

"没有大家的帮助，我不可能完成这件事。"

"功劳属于每一个人，我只是其中的一分子。"

③感谢他人，如

"非常感谢你的支持和鼓励。"

"没有你的指导，我不可能取得这样的成绩。"

"你的建议对我帮助很大。"

④使用谦辞，如：

"拙见""浅见""抛砖引玉"

"献丑了""见笑了""班门弄斧"

（3）试探意图。在对话中，对方可能会通过提问来试探我们的意图和态度，如"你对这个项目感兴趣吗？"或"你觉得这个方案怎么样？"这时，我们需要认真思考并给出明确的回答，以便让对方了解我们的立场和想法。

常见的这个类型的话语有这些。

①"你这样做也不错。"这句话实际上暗示着："我并不完全赞同你的做法。"这是一种婉转的表达方式，目的在于避免直接的冲突或显露不满。

②"这个项目很有挑战性。"当对方表达这句话时，实际上他／她暗示着："这个项目极具挑战性。"这实际上是在提醒你做好充分的准备，因为这个任务可能会遭遇不小的困难。

③"我们会认真考虑你的建议。"这句话通常隐含的意思是："你的建议最终不会被采纳。"这往往是对方以礼貌的方式婉转拒绝你的提议。

④"这是个好主意。"然而，这句话的隐含意思是："我实际上并不完全赞同这是一个好主意。"对方可能出于礼貌而选择沉默，但内心并不完全同意。

⑤"你可以试试。"这句话的隐含之意可能是："我并不相信你能成功。"尽管对方以礼貌的方式表达，但其实对你的能力或计划的可行性存有疑虑。

⑥"你看起来很累。"这背后的潜台词是："你的状态似乎不太理想。"对方在表达关心的同时，也可能是在提醒你注意自己的健康或形象。

肢体语言的重要性

肢体语言在沟通中扮演着重要角色，能够传递丰富的信息和情感。它不仅可以强化口头语言所表达的内容，还能在无声中揭示说话者的真实想法和感受。例如，一个真诚的微笑可以传达出友好和欢迎的信息，而一个紧张不安的手势则可能透露出说话者的不安或缺乏自信。

因此，在沟通中，我们应该注意自己的肢体语言，确保它与我们想要传达的信息一致，同时也要学会观察和理解他人的肢体语言，以便更准确地把握对方的意图和情感。

以下是一些常见的肢体语言及其传递的信息。

（1）面部表情。面部表情是传递情感和态度的重要方式。眼神交流也非常重要，适度的眼神接触可以表明你在专注倾听对方讲话，让他们感到被尊重和重视。

微笑：表示友好、开心、赞同。

皱眉：表示困惑、担忧、不满。

眼神接触：表示关注、真诚、自信。

眼神躲闪：表示紧张、不安、隐瞒。

（2）手势。手势和动作可以增强沟通的效果。例如，开放的手势，如张开双臂，传达出自信和友好。而封闭的手势，如双臂交叉抱在胸前，则可能表示防御或不安。此外，适度的身体前倾可以表达对对方话题的兴趣和积极参与。

点头：表示赞同、理解、鼓励。

摇头：表示反对、拒绝、否定。

摊手：表示无奈、困惑、无所谓。

握拳：表示愤怒、决心、紧张。

（3）姿势。身体姿势能够展现自信、友好或防御等态度。保持脊背挺直、肩膀放松的姿势可以展现自信和友好。相反，驼背或双臂交叉抱在胸前的姿势则可能传达出防御或不自信的信息。在社交场合中，保持良好的姿势不仅让自己看起来更有精神，还能给他人留下积极的印象。

挺胸抬头：表示自信、积极、开放。

弯腰驼背：表示疲惫、消极、防御。

双手交叉：表示防御、紧张、拒绝。

身体前倾：表示感兴趣、专注、友好。

需要注意的是，肢体语言的解读需要结合具体情境和文化背景。例如，在某些文化中，眼神接触可能被视为不礼貌，而在另一些文化中则被视为真诚的表现。

05

空间距离的把握

在沟通说话时，把握空间距离的关键在于理解不同距离对沟通效果的影响，并根据具体情况调整距离。

一般来说，人与人之间的距离可以分为四种类型：亲密距离、个人距离、社交距离和公众距离。亲密距离通常适用于亲密关系，如家人或恋人之间；个人距离则适用于朋友或熟人之间的交流；社交距离适用于一般社交场合，如工作场合或商务会议；公众距离则适用于大型公共活动或演讲等场合。在沟通时，我们需要根据与对方的关系以及所处的环境，选择适当的距离，以营造舒适、恰当的沟通氛围。

（1）亲密距离：这是人际交往中的最小间隔，通常在 15 厘米以内。适用于亲密关系，如夫妻、情侣或非常亲近的朋友之间。在这个距离内，可以进行亲密的身体接触，如拥抱、握手等。

（2）个人距离：一般在 46 厘米到 122 厘米之间。适用于朋友、熟人或同事之间的交流。这个距离允许一些身体接触，但主要是友好交谈和握手。在这个范围内，人们可以感受到彼此的亲近感，同时又保持了适当的个人空间。

　　它既不像亲密距离那样过于贴近，让人感到局促不安；也不像社交距离或公众距离那样疏远，让人产生距离感。个人距离的存在，使得朋友、熟人或同事之间的交流更加自然、流畅，有助于增进彼此之间的了解和信任。

　　同时，这个距离也允许一些友好的身体接触，如握手或轻轻地拍打，以表达亲切和友好。然而，需要注意的是，在不同文化背景下，个人距离的具体界定可能会有所不同。因此，在跨文化交流中，我们需要更加敏锐地观察和感知对方的空间需求，以避免因误解而产生的尴尬或冲突。

　　（3）社交距离：一般在 1.2 米到 3.7 米之间。适用于一般商务或社交场合，如工作会议、社交聚会等。这个距离体现了正式和礼貌的交流。

　　在这个范围内，人们既能保持一定的专业性和正式感，又能进行必要的交流和互动。社交距离的使用，有助于维护商务场合的秩序和效率，同时也能避免过于亲密或疏远带来的尴尬。

　　在社交聚会上，这个距离也能让人们保持适当的距离，享受轻松愉快的交流氛围。当然，在特定的社交场合，如亲密的朋友聚会或家庭聚餐中，社交距离可能会适当缩短，以适应更为亲密的交流需求。但总体而言，社交距离在商务和社交场合中扮演着重要的角色，是建立良好人际关系的基础之一。

　　（4）公众距离：一般在 3.7 米以外。适用于公开演讲、大型集会等场合。在这个距离内，直接的沟通较少，主要是单向的信息传递。

　　公众距离的使用，有助于演讲者或组织者更好地掌控现场氛围，确保信息传递的清晰和有效。同时，这个距离也能让听众保持一定的专注度，避免因过于接近而产生的干扰或不适。

在大型集会中，公众距离更是维护现场秩序和安全的关键因素之一。人们在这个距离内，既能感受到集体的力量和氛围，又能保持个人的独立性和舒适度。因此，在跨文化交流中，了解和尊重不同文化背景下的公众距离差异，对于建立良好的人际关系和促进有效的沟通至关重要。

不同文化背景对空间距离的接受度有所不同。例如，一些文化中人们更喜欢保持较近的距离，而另一些文化则更倾向于保持较远的距离。了解这些差异可以帮助你在不同文化环境中更好地把握空间距离。

第九章

成为对话中的"引导者"

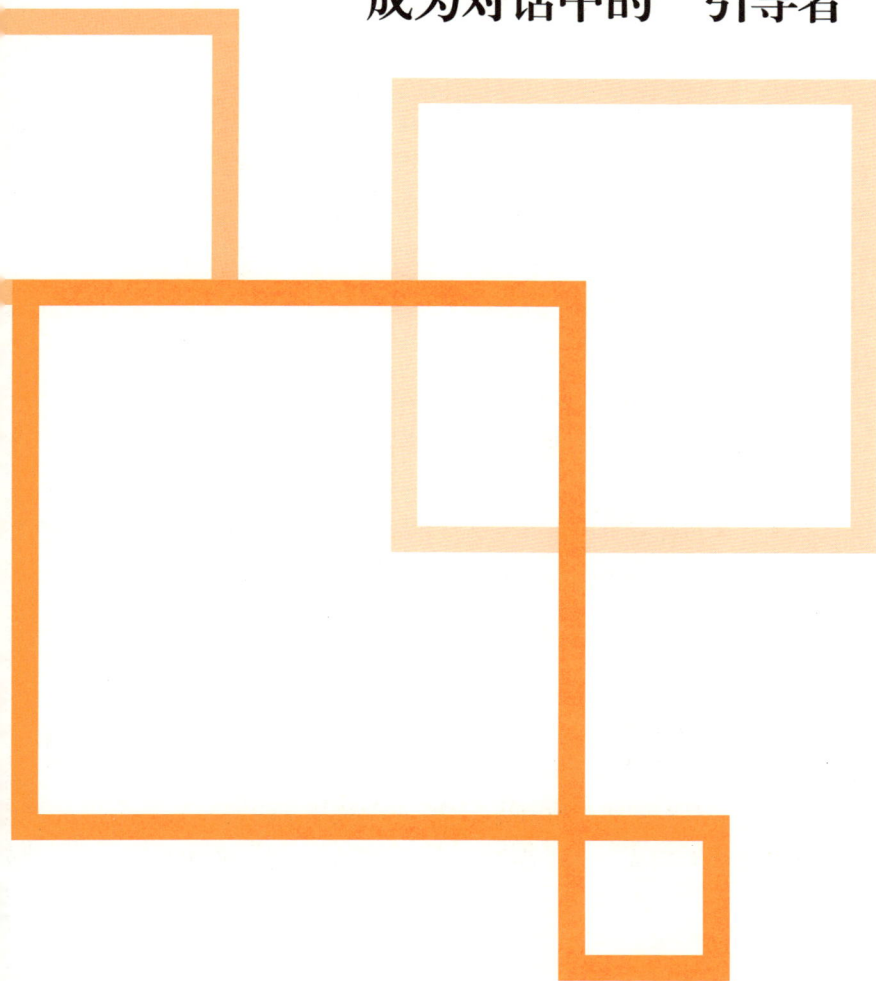

01

读心术：如何主动引导对话

在人际交往的广阔舞台上，对话是连接心灵的桥梁，是思想碰撞的火花。那如何通过深入理解对方的心理状态，主动引导对话的方向，从而在沟通中占据主导地位，实现信息的有效传递与情感的深度交流呢？

（1）读心术的基础：倾听与共情。

在谈论如何主动引导对话之前，我们首先要明确的是，真正的"读心术"并非神秘的心灵感应，而是建立在深度倾听与共情能力之上的。

①倾听：不仅仅是听见话语，更要理解背后的意图与情感。

②共情：将自己置于对方角度，感受其情绪，建立信任桥梁。

③效果：真诚倾听与共情能让对方感受到尊重与理解，愿意进行深层次交流。

④场景：在商务谈判中，倾听对方的需求和担忧，共情对方的立场，可以促进双方达成共识。在日常生活中，通过倾听家人和朋友的分享，共情他们的快乐与困扰，加深彼此的情感联系。

⑤实用方法：首先，保持眼神交流，给予对方充分的注意力。

其次，适时地使用肢体语言，如点头，表示你在认真聆听。然后，通过提问来引导对方深入表达，同时避免打断对方。最后，复述对方的话，确保你正确理解了对方的意思，并表达出你的共情。通过这些方法，你可以有效地运用倾听与共情，成为对话中的"引导者"。

（2）洞察微表情与肢体语言。

读心术的另一个重要组成部分是观察对方的微表情与肢体语言。人类的情感往往通过非言语的方式传达，如眼神的闪烁、嘴角的上扬、手势的变换等。这些细微的动作往往能够透露出对方的真实想法与情绪状态。

①如何观察？

√ 微笑：代表自信，而微偏头微笑，则表示自在、友善。

√ 指尖搭成塔尖，自信。

√ 常扶眼镜，或把玩领带、项链等小动作，若作为开发研究类思考性工作，则无所谓，但若作为销售等职位，则有可能显示自信不足，心神不宁。

√ 手指摩擦手心，为焦虑。

√ 手插口袋，眼睛左顾右盼，不敢直视对方，表示紧张害怕，对自己没有信心。

√ 抿嘴唇，挠头，窘迫紧张，不知所措。

√ 眼睛向上看，为迟疑。

√ 扶眉骨，是典型的羞愧。

√ 嘴微张，眼睁大，表示对方错愕；而向一边撇嘴唇则表示不屑。

√ 谈话中常打断对话，作出切断性手势，表示此人主见较强。

√ 单肩抖动，不自信的时候更容易单肩抖动

√ 注视对方眼睛，人在准备好谎言时，更容易注视对方眼睛，以使对方相信或观察对方是否相信（并不是注视对方眼睛就是撒谎）。

√ 回答时生硬的重复问题，很有可能是典型谎言。

√ 揉鼻子，掩饰真相。

√ 眼睛向左看通常是在回忆，向右看通常是在思考谎话。

√ 惊讶表情超过一秒就可能是假惊讶。

√ 话语重复，声音上扬代表撒谎。

√ 手一直摩挲，一种自我安慰的姿态，当你不相信自己在说什么的时候，使自己安心。

√ 鼻孔外翻，嘴唇紧闭代表生气。

√ 下巴扬起，嘴角下垂表示很自责。

√ 如果先突然大声说话，然后再用手猛拍桌子，这是对可怕事情反应的手势时间差。如果是真的发火，这两个动作会同时进行。

②实用方法：在对话中，保持适当的沉默，给予对方足够的时间表达自己，这有助于捕捉到对方的自然反应。同时，可以适当改变自己的位置或角度，以便更好地观察对方的非言语行为。此外，通过模拟不同情境的练习，可以增强在实际交流中识别和解读微表情与肢体语言的能力。

（3）提问的艺术：引导对话的节奏。

掌握了倾听与共情的能力，以及观察微表情与肢体语言的方法后，我们还需要学会提问的艺术。

①如何提问？

√ 开放式提问："你能详细说说你的想法吗？"

　　√ 封闭式提问："你能详细说说你的想法吗？"

　　√ 分析复杂问题："你觉得这个项目的优点是什么？"

　　√ 假设性提问："如果我们换一种方法，你觉得会有什么效果？"

　　√ 引导式提问："你觉得这个方案是不是更符合我们的目标？"

　　√ 澄清性提问："你的意思是说……对吗？"

　　√ 鼓励式提问："你觉得还有什么需要补充的吗？"

②应用场景：在实际的沟通中，提问的艺术可以应用于多种场景。例如，在商务谈判中，通过假设性提问可以探索对方的底线和可能的妥协点；在团队协作中，开放式提问能够激发成员的创造力和参与感；在解决冲突时，澄清性提问有助于明确问题的核心，避免误解。引导式提问则可以在销售过程中引导客户思考，从而更接近成交。通过这些提问技巧，我们可以更有效地引导对话的节奏，达到预期的沟通效果。

03

影响力法则：如何用提问掌控对话节奏

在前面的内容中，我们已经提到过提问的作用和价值，介绍了提问的类型等内容。这里再讲讲通过提问如何掌控节奏，我们都知道，通过巧妙提问，可以影响对方的思考路径，掌握主动权，并推动对话朝着期望的方向发展。

如何才能更好地问好问题，掌控节奏呢？开放式提问和封闭式提问，前面我们已经讲过了，这里不再赘述。

（1）引导式提问。通过预设前提或暗示，引导对方朝着你期望的方向思考。比如可以这样提问"既然我们已经达成了初步共识，接下来是否应该讨论具体执行细节？""考虑到时间紧迫，我们是否应该优先处理这个问题？"

既然我们已经达成了初步共识，接下来是否应该讨论具体执行细节？

考虑到时间紧迫，我们是否应该优先处理这个问题？

引导式提问

这类提问看似在征求对方的意见，实则已经为对方设定了一个思考的框架，使得对方的回答更容易符合提问者的预期。引导式提问的关键在于预设的前提要合理且不易被对方察觉，同时提问的方式要温和且富有启发性，避免给对方带来压迫感。通过巧妙地运用引导式提问，我们可以在对话中更加灵活地掌控节奏，引导对话朝着有利于自己的方向发展。

这类提问适用于需要引导对方接受某个观点或决策时。

（2）反问式提问。通过反问，让对方重新审视自己的立场或观点，从而影响其思考方向。可以这样问"你觉得这个方案真的能解决我们的问题吗？""如果我们不采取行动，后果会怎样？"

这类提问往往带有质疑或挑战的意味，能够激发对方的反思和深入思考。反问式提问的关键在于提出的问题要直击要害，触动对方的痛点或关注点，使对方不得不重新评估自己的立场。

同时，提问的语气要适中，既要表达出质疑，又要避免过于尖锐或攻击性，以免引发对方的反感和抵触。通过恰当地使用反问式提问，我们可以有效地引导对方自我反思，进而改变其原有的观点或态度，使对话朝着更有利于达成共识的方向发展。

这类提问在需要对方重新审视或调整其立场时尤为有效。

（3）假设性提问。通过假设情境，帮助对方跳出当前思维框架，探索更多可能性。可以这样问"如果我们有更多资源，你会如何调整这个计划？""如果市场反应不如预期，我们有哪些备选方案？"

这类提问鼓励对方超越现实限制，从更广阔的视角思考问题。

假设性提问的关键在于提出的假
设要具有启发性和探索性，能够
激发对方的创造力和想象力。同
时，假设的情境要贴近实际，既
不过于理想化，也不过于悲观，
以确保讨论具有现实意义和可
行性。

如果我们有更多资源，你会如何调整这个计划？

如果市场反应不如预期，我们有哪些备选方案？

假设性提问

通过巧妙地运用假设性提
问，我们可以引导对方跳出固
有思维模式，发现新的解决方案或策略，为对话注入新的活力和创
意。这类提问在需要激发创新思维或寻找替代方案时尤为有效。

（4）总结性提问。通过总
结对话内容，确认双方共识，
并推动对话进入下一阶段。可
以这样问"我们刚才讨论了几
个关键点，你是否同意这些结
论？""接下来我们是否应该讨
论具体的行动计划？"

我们刚才讨论了几个关键点，你是否同意这些结论？

接下来我们是否应该讨论具体的行动计划？

总结性提问

总结性提问在对话中起着承
上启下的作用，它不仅能够确保
双方对讨论内容有共同的理解，还能够引导对话朝着更具体、更可
操作的方向前进。这类提问的关键在于准确概括对话要点，避免遗
漏或误解，同时提出的下一步行动建议要切实可行，能够激发对方
的参与意愿。

通过总结性提问，我们可以增强对话的连贯性和效率，确保双
方在同一频道上，为达成共识和采取行动打下坚实的基础。这类提

问在需要明确讨论成果或制订后续计划时尤为有效。

（5）情感共鸣式提问。通过关注对方的情感需求，建立信任，拉近彼此距离。可以这样问"你对这个决定感到满意吗？""你觉得这个方案对你的团队有什么影响？"

情感共鸣式提问在建立和谐氛围和促进深入交流方面具有独特优势。它要求提问者具备同理心，能够站在对方的角度思考问题，从而触及对方的情感深处。这类提问通常以开放性问题的形式出现，鼓励对方分享个人感受和经验，有助于双方建立更紧密的联系。

在情感共鸣式提问中，关键在于真诚和尊重。提问者需要展现出对对方情感的真正关心，避免将问题引向负面或让对方感到被质问。同时，提问者还应耐心倾听对方的回答，给予积极的反馈和支持，进一步巩固双方之间的信任关系。

通过情感共鸣式提问，我们可以更好地理解对方的需求和期望，为达成共识和解决问题创造有利条件。这类提问在需要增进人际关系或处理敏感话题时尤为有效。

（6）镜像问题。这类问题重复对方的话，或者用不同的方式表达相同的意思。例如，如果对方说："我认为我们应该增加市场推广的预算。"你可以回应："所以，您的意思是，通过增加市场推广的预算，我们可以提高产品的知名度，从而增加销售量，对吗？"这样的问题可以确认你理解了对方的观点，并鼓励他们继续分享。

03

总结强调：通过"总结"让对话更清晰

在对话中，总结是确保信息传递准确、避免误解的关键工具。通过适时总结，你可以梳理对话内容，确认双方理解一致，并推动对话朝着清晰、高效的方向发展。

如何总结，才能让话题沿着正轨延伸，让我们能更好地掌控对话？

（1）阶段性总结。在对话的每个关键节点进行总结，帮助双方回顾已讨论的内容，确保理解一致。比如，"到目前为止，我们讨论了三个主要问题：一是项目目标，二是资源分配，三是时间安排。对吗？""我们刚刚分析了问题的原因，接下来是否应该讨论解决方案？"

到目前为止，我们讨论了三个主要问题：一是项目目标，二是资源分配，三是时间安排。对吗？

我们刚刚分析了问题的原因，接下来是否应该讨论解决方案？

阶段性总结

阶段性总结不仅有助于双方确认理解是否一致，还能让对话更加有条理，避免信息遗漏或重复讨论。通过明确每个阶段的讨论重点，双方可以更加聚焦于当前议题，提高对话效率。此外，阶段性总结还能为接下来的讨论奠定基础，确保对话能够顺利过渡到下一个阶段。

阶段性总结适用于复杂或多阶段的对话，帮助双方保持同步。

（2）确认性总结。通过总结对方的观点或需求，确认你理解正确，避免因误解导致沟通偏差。比如，"你刚才提到希望在下周五前完成初稿，并优先考虑用户体验，对吗？""如果我理解正确，你的主要关注点是成本控制，而不是时间进度，是吗？"

如果我理解正确，你的主要关注点是成本控制，而不是时间进度，是吗？

你刚才提到希望在下周五前完成初稿，并优先考虑用户体验，对吗？

确认性总结

确认性总结不仅能展现对话者的倾听能力和理解能力，还能增强对方的信任感，使对话更加顺畅。通过这种方式，对话者能够确认关键信息，避免后续工作中可能出现的误解或偏差。

此外，确认性总结还能为双方提供一个再次审视和确认的机会，确保在重要事项上达成共识。这种总结方式在需要高度协作或精确沟通的场合尤为重要，能够有效提升沟通效率和质量。

确认性总结适用于对方表达复杂需求或观点时，确保信息准确传达。

（3）引导性总结。通过总结对话内容，自然引导对话进入下一阶段，避免话题偏离或停滞。比如，"我们已经明确了问题的核心，接下来是否应该讨论具体的行动计划？""既然大家对目标达成一致，接下来我们可以讨论如何分工了，对吗？"

引导性总结不仅能帮助对话双方清晰地认识到当前讨论的进

度，还能有效促进对话的连贯性
和高效性。通过明确指出对话的
下一阶段，可以确保双方都能明
确接下来的任务和目标，从而保
持对话的紧凑和高效。

既然大家对目标达成一致，接下来我们可以讨论如何分工了，对吧？

我们已经明确了问题的核心，接下来是否应该讨论具体的行动计划？

引导性总结

这种方式尤其适用于需要解
决复杂问题或制订详细计划的对
话中，能够确保对话始终围绕核
心议题展开，避免不必要的偏离
和延误。同时，引导性总结还能增强对话双方的参与感和责任感，
使每个人都能更加积极地投入后续的讨论和行动中。

（4）情感性总结。在总结
中融入对方的情感或态度，增强
情感共鸣，拉近彼此距离。比
如，"我能感受到你对这个项目
的热情，同时也有些担心时间紧
张，对吗？""听起来你对这个
方案很满意，但也希望看到更多
细节，是吗？"

我能感受到你对这个项目的热情，同时也有些担心时间紧张，对吗？

听起来你对这个方案满意，但希望看到更多细节，是吗？

情感性总结

情感性总结不仅能够让对方
感受到被理解和尊重，还能加深彼此之间的情感联系。通过这种方
式，对话双方能够建立起更加信任和开放的关系，为后续的合作和
沟通打下坚实的基础。同时，情感性总结还能帮助对话双方更加清
晰地认识到彼此的需求和期望，从而在后续的讨论中更加有效地解
决问题和达成共识。

（5）行动性总结。在对话结束时，通过总结明确下一步行动，

确保双方对后续任务达成共识。比如，"今天我们达成了三点共识：一是调整预算，二是增加人手，三是下周开会确认细节。接下来我会整理会议记录并发送给大家。""我们的行动计划是：你负责联系供应商，我负责准备材料，下周三前完成初步方案，对吗？"

今天我们达成了三点共识：一是调整预算，二是增加人手，三是下周开会确认细节。接下来我会整理会议记录并发送给大家。

我们的行动计划是：你负责联系供应商，我负责准备材料，下周三前完成初步方案，对吗？

行动性总结

行动性总结能够立即将对话成果转化为实际行动，避免了对话后的迷茫和拖延。通过明确指出双方的任务和责任，行动性总结确保了每个人都清楚自己的角色和下一步要做的事情，从而提高了工作效率和团队协作。此外，行动性总结还能增强对话双方的责任感和紧迫感，促使他们更加积极地投入后续的工作中，确保对话成果得到有效落实。

（6）反思性总结。在对话结束后，通过总结反思对话过程，识别改进空间，提升未来沟通效率。比如，"今天的讨论很有成效，但我们可能在时间安排上有些仓促，下次可以提前准备。""我觉得我们在目标设定上花了太多时间，下次可以更聚焦于解决方案。"

今天的讨论很有成效，但我们可能在时间安排上有些仓促，下次可以提前准备。

我觉得我们在目标设定上花了太多时间，下次可以更聚焦于解决方案。

反思性总结

反思性总结有助于我们从每次对话中吸取经验，不断优化沟通技巧和策略。通过识别对话中的不足和潜在改进点，我们可以避免在未来的沟通中犯同样的错误，从而提升整体沟通效率。

同时，反思性总结也是一种自我提升的过程，它鼓励我们不断挑战自己的沟通极限，追求更高的沟通质量。这种总结方式不仅能够促进个人成长，还能在团队中形成良好的沟通氛围，推动团队整体沟通能力的提升。

04

高效说服：运用心理学原理提升说服力

高效说服他人时，运用心理学原理可以显著提升你的说服力。比如，了解并利用"互惠原理"，即在人们得到某种好处后，会有一种回报的义务感，你可以通过先给予对方一些小恩小惠，再提出你的请求，这样对方更可能接受。再如，利用"社会认同原理"，人们倾向于模仿与自己相似的人的行为，你可以通过找到与对方的共同点，建立信任，从而更容易说服对方。掌握这些心理学原理，并在实际沟通中灵活运用，你的说服力将会得到显著提升。

我们来详细了解下这些心理学原理。

（1）互惠原则：人们倾向于回报他人的善意。在提出请求之前，先提供一些帮助或好处，可以增加对方同意你请求的可能性。

这种倾向在人类社会中普遍存在，形成了一种社会规范。当你给予他人帮助或好处时，对方会在心理上产生一种负债感，这种负债感会促使他们想要回报你。因此，在需要说服他人时，你可以巧妙地运用这一原则。比如，在工作中，你可以主动帮助同事解决一些小问题，或者在他们需要帮助时伸出援手。这样，在你需要他们支持你的观点或项目时，他们更可能倾向于支持你，以回报你之前的好意。

（2）权威原则：人们更倾向于听从权威人士的建议。在说服他人时，引用权威数据、专家意见或权威人物的支持，可以增加你的说服力。

权威原则在多个领域中都发挥着重要作用。例如，在营销领域，品牌经常会邀请知名人士或专家为其代言，以增加产品的可信度和吸引力。消费者在面对众多选择时，往往会倾向于相信那些由权威人士推荐的产品。同样，在政治演讲中，演讲者经常会引用权威的研究数据或专家观点来支持自己的观点，以增强说服力。因此，在说服他人时，巧妙地运用权威原则，引用相关的权威数据、专家意见或获得权威人物的支持，可以大大提升你的说服力。

（3）稀缺原则：人们更珍视稀缺的东西。在说服他人时，强调资源的稀缺性或时间的紧迫性，可以激发对方的行动。

例如，在销售过程中，销售员可能会告诉顾客某个产品的库存有限，或者优惠活动即将结束，以此促使顾客尽快做出购买决定。同样，在募捐活动中，组织者可能会强调资金的紧迫性和需求的紧迫性，以激发捐赠者的慷慨解囊。因此，在说服他人时，巧妙地运用稀缺原则，强调资源的有限性或时间的紧迫性，可以促使对方更快地采取行动，从而提高说服效果。

（4）一致性原则：人们倾向于保持自己的一致性。在说服他人时，先让对方做出小的承诺或同意一些小的观点，然后逐步引导他们同意更大的请求。

这种策略也被称为"登门槛效应"。一旦对方做出了初步的承诺，他们往往会为了维护自己的一致性而倾向于接受更大的请求。例如，在募捐活动中，组织者可能会先请求捐赠者支持一个小额捐款，一旦捐赠者同意了这一小额捐款，再请求他们支持更大的捐款金额，这样捐赠者为了保持自己的一致性，更有可能接受更大的捐款请求。同样，在销售过程中，销售员可能会先请求顾客试用产品，一旦顾客同意了试用，再引导他们购买产品。因此，在说服他人时，巧妙地运用一致性原则，先让对方做出小的承诺，然后逐步引导他们接受更大的请求，可以显著提高说服的成功率。

（5）社会认同原则：人们倾向于模仿他人的行为。在说服他人时，展示其他人已经接受你的观点或采取了行动，可以增加你的说服力。

例如，如果你正在推广一款新的健康产品，你可以分享一些已经成功使用这款产品的用户故事或评价。当潜在用户看到其他人因为使用了这款产品而受益，他们更有可能被说服并尝试使用。同样，在竞选中，候选人经常会展示支持者的名单或照片，以此来增加自己的可信度和说服力。因此，在说服他人时，巧妙地运用社会认同原则，展示其他人已经接受你的观点或采取了行动，可以显著增强你的说服力。

（6）喜好原则：人们更愿意帮助那些他们喜欢的人。在说服他人时，建立良好的关系，展示你的同理心和关心，可以增加你的说服力。

可以通过寻找共同点、分享相似兴趣或经历来拉近与对方的距离。在交流中，展现出真诚的兴趣和关注，倾听对方的想法和感受，让对方感受到我们的尊重和重视。当我们与对方建立了良好的关系，他们会更倾向于接受我们的观点和建议，因为人们通常更愿意帮助那些他们喜欢的人。因此，在说服他人时，巧妙地运用喜好原则，建立良好的关系，展示你的同理心和关心，可以大大提升你的说服力。

（7）框架效应：人们根据问题的描述方式做出不同的决策。在说服他人时，使用积极的框架来描述你的观点或请求，可以增加你的说服力。

例如，如果你希望某人支持一项环保倡议，你可以强调采取行动的积极后果，比如改善空气质量、保护自然美景，而不是强调不采取行动的负面后果，如环境污染加剧、生态系统破坏。积极的框架更能激发人们的正面情绪和行动意愿，使他们更愿意接受你的观点。因此，在说服他人时，巧妙地运用框架效应，选择积极的描述方式，可以更有效地提升你的说服力。

（8）损失规避原则：人们更倾向于规避损失而不是追求收益。在说服他人时，强调不采取行动的潜在损失，可以增加你的说服力。

例如，如果你希望某人投资一项新的业务机会，你可以指出如果不抓住这个机会，他们可能会错失未来的收益增长和市场份额。这种对损失的担忧往往比潜在的收益更能激发人们的行动意愿，使他们更倾向于接受你的建议。因此，在说服他人时，巧妙地运用损失规避原则，强调不采取行动的潜在负面影响，可以更有效地提升你的说服力。

这些心理学原则，可以多种方法交叉使用。

第十章

›››

持续提升沟通能力

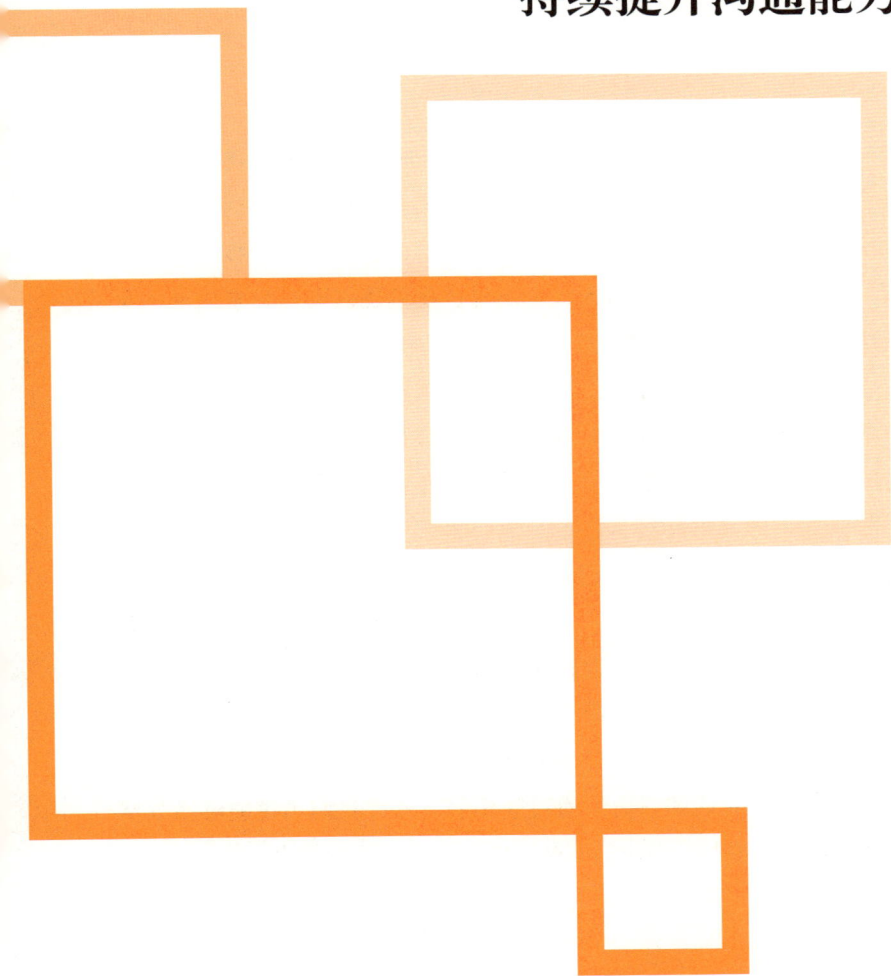

01

观察高手：从日常对话中学习

在我们日常的沟通与交流过程中，我们都希望能够避免成为那个令人尴尬的"话题终结者"。为了能够提升自己的沟通技巧，成为一名真正的沟通高手，我们不仅需要学习各种方法和技巧，更重要的是要将这些知识付诸实践。同时，我们还需要在日常生活中保持细心的观察，以便更好地理解沟通的艺术。

举个例子，在各种聚会场合或者工作讨论中，我们经常会遇到一些人，他们似乎总能在关键时刻提出恰当的问题，或者用幽默的方式巧妙地化解尴尬的场面。这时，我们就可以通过细心地观察，去分析他们的言语和行为，了解他们是如何准确地把握对方的情绪和需求，并且运用各种语言技巧来做出恰当的回应。

通过持续地观察和学习，我们可以逐渐掌握这些沟通高手的秘诀，并在实际的对话中加以运用。例如，当对话陷入僵局，当我们注意到对方情绪低落时，我们可以尝试用一些温暖和鼓励的话，气氛变得沉闷时，我们可以巧妙地提出一个新的话题，以此来打破沉默，重新激发对话的活力。通过这样的方式，我们不仅能够活学活用所学到的沟通技巧，还能不断地提升自己的沟通能力。

观察是提升我们沟通能力的一个非常重要的途径。通过细心地观察和分析那些沟通高手的言行举止，我们可以不断地从他们身上汲取宝贵的经验和智慧，从而让自己成为一个更加优秀的沟通者。

02

记录与反思：如何总结自己的沟通经验

    总结沟通经验是提升沟通能力的重要方法。通过记录和反思，我们可以识别自己的优势与不足，并制订改进计划。

    我们来了解下具体步骤和工具。

    （1）记录沟通场景。每次重要沟通后，要记录关键细节，比如时间、地点、参与者等；要记录你希望通过这次沟通达成什么；要简要记录主要话题和关键点；要记录结果，沟通是否达成目标？对方的反应如何？

    一般来说，使用语音备忘录比较省心省事。

    （2）分析沟通效果。在记录后，要分析沟通是否达成了预期目标？如果没有，原因是什么？分析对方的反应是否符合预期？

    成功的地方，要分析哪些做法促进了沟通成功？例如，清晰的表达、有效的倾听、恰当的提问等。

    最后，总结可以改进的地方。哪些地方可以做得更好？例如，语气是否过于强硬？是否忽略了对方的情感需求？

    （3）反思沟通技巧。可以从倾听、表达、情绪、应变等几个方面进行反思。

反思沟通技巧

倾听能力　表达能力　情感管理　应变能力

（用人物总结关键词）

①倾听能力。你是否真正理解了对方的意思？是否有打断对方或过早下结论的情况？

②表达能力。你的表达是否清晰、简洁？是否使用了对方容易理解的语言？

③情感管理。你是否在沟通中保持了冷静和专业？是否有情绪化的反应影响了沟通效果？

④应变能力。当对话偏离预期时，你是否能灵活应对？是否有效化解了冲突或僵局？

（4）制订改进计划。主要从目标设定、技巧学习、实践三个方面改进。

①设定具体目标。例如："下次沟通时，我会先倾听对方 3 分钟，再表达自己的观点。"

②学习新技巧。例如："我需要学习如何更好地运用开放式提问。"

③实践与反馈。在实际沟通中尝试新方法，并记录效果。可以向信任的同事或朋友寻求反馈。

最后，提供一个沟通日志模板，供大家借鉴。

日期	场景描述	目标	关键对话内容	结果与反思	改进计划
202×年×月×日	与客户讨论需求	明确项目范围	客户提出新需求，我未及时回应	目标未达成，需提高应变能力	下次提前准备常见问题应答

03

模拟练习：提升接话与回话的反应力

接话与回话的反应力是高效沟通的关键能力之一。通过模拟练习，我们可以在安全的环境中尝试不同的回应方式，逐步提升反应速度和准确性。

（1）设定模拟场景。我们可以选择常见场景，根据我们的需求，选择日常生活中常见的对话场景，例如工作场景、社交场景、冲突场景等。

①工作场景：与同事讨论项目、向上级汇报工作。

②社交场景：与朋友聊天、参加聚会。

③冲突场景：处理客户投诉、化解争执。

确定了场景后，要为每个场景设定具体的练习目标，例如提升倾听能力，练习如何回应赞美或批评，学习如何转移话题。

（2）角色扮演。可以选择与其他人练习，也可以选择自己单人练习。

与伙伴练习时，找一个朋友、同事或家人作为练习伙伴，轮流扮演不同角色。可以是你扮演客户服务人员，伙伴扮演不满的客户，练习如何回应投诉。

如果没有伙伴，可以自己扮演双方角色，用录音设备记录对话并回放分析。比如，伙伴（客户）："你们的服务太差了，我等了这么久！"你（客服）："非常抱歉给您带来不便，我们正在全力解决这个问题。您能告诉我具体情况吗？"

（3）练习关键词接话。可以在对话中快速识别对方话语中的关键词，并围绕这些关键词接话。比如，让伙伴随意说一句话，你迅速抓住关键词并回应。

伙伴："我昨天去了一家新开的餐厅。"

你："真的吗？餐厅怎么样？有什么推荐的菜吗？"

（4）模拟突发情况。可以在模拟练习中设置一些突发情况，例如，对方突然提出尖锐问题，对话陷入尴尬或僵局，你该怎么办？

（5）设定时间限制。快速反应练习时，要设定一个时间限制（如5秒内必须回应），强迫自己快速思考并接话。比如：

伙伴："你觉得这个方案怎么样？"

你（5秒内）："我觉得整体思路不错，但在细节上可能需要调整。"

然后你要从简单的话题开始，逐步增加话题的复杂性。

（6）多样化练习。练习的时候，不要局限于单一场景，尝试多种对话类型，例如，正式与非正式对话、一对一与多人对话。也要在练习中尝试扮演不同角色，例如，上级与下属、客户与服务人员等。